PATROCÍNIOS, ESCÂNDALOS E FACTOS PUNÍVEIS

PATROCÍNIOS, ESCÂNDALOS E FACTOS PUNÍVEIS

2020

Paulo de Sousa Mendes

ALMEDINA

PATROCÍNIOS, ESCÂNDALOS E FACTOS PUNÍVEIS

AUTOR
Paulo de Sousa Mendes

EDITOR
EDIÇÕES ALMEDINA, S.A.
Rua Fernandes Tomás, nºs 76-80
3000-167 Coimbra
Tel.: 239 851 904 · Fax: 239 851 901
www.almedina.net · editora@almedina.net

Design de colecção: FBA.
Capa: Edições Almedina

PRÉ-IMPRESSÃO
EDIÇÕES ALMEDINA, SA

IMPRESSÃO E ACABAMENTO
DPS - Digital Printing Services
Fevereiro, 2020

DEPÓSITO LEGAL
466804/20

ALMEDINA | GRUPOALMEDINA

BIBLIOTECA NACIONAL DE PORTUGAL – CATALOGAÇÃO NA PUBLICAÇÃO

MENDES, Paulo de Sousa

Patrocínios, escândalos e factos puníveis. – (Opúsculos)
ISBN 978-972-40-8305-6

CDU 34

SIGLAS E ABREVIATURAS

Em itálico, na coluna da direita, os nomes de livros e publicações periódicas

A., AA.	– Autor, Autores
AAFDL	– Associação Académica da Faculdade de Direito de Lisboa
AA.VV.	– Autores vários
art., arts.	– artigo, artigos
BFDUC	– *Boletim da Faculdade de Direito da Universidade de Coimbra*
BGH	– Bundesgerichtshof (Supremo Tribunal Federal alemão)
BMJ	– *Boletim do Ministério da Justiça*
BWV	– Berliner Wissenschafts-Verlag
Cass.	– Cassazione
cf.	– confira, confronte
cit., cits.	– citado, citada, etc., cita-se; citação, citações
CP	– Código Penal
CPP	– Código de Processo Penal
CRP	– Constituição da República Portuguesa
ed., eds.	– edição, edições; editora, editoras
e.g.	– exempli gratia (por exemplo)
EnBW	– Energie Baden-Württemberg
FIFA	– Federação Internacional de Futebol Associado
GA	– *Goltdammer's Archiv für Strafrecht*

HRRS – *Höchstrichterliche Rechtsprechung im Strafrecht*
IBCCRIM – Instituto Brasileiro de Ciências Criminais
i.e. – id est (isto é)
INCM – Imprensa Nacional – Casa da Moeda
JR – *Juristische Rundschau*
JuS – *Juristische Schulung*
JZ – *Juristen Zeitung*
KorrBekG – Gesetz zur Bekämpfung der Korruption
LG – Landgericht
MP – Ministério Público
n., ns. – nota, notas
n.º, n.os – número, números
NJW – *Neue Juristische Wochenschrift*
n. p. – não publicado
NStZ – *Neue Zeitschrift für Strafrecht*
OA – Ordem dos Advogados
OLG – Oberlandesgericht
org. – organizador, organização
p., pp. – página, páginas
p. e p. – previsto e punido
pref. – prefácio
Prof. – Professor
RBCCrim – *Revista IBCCRIM*
reimp. – reimpressão
rev. – revisão, revista
RFDUL – *Revista da Faculdade de Direito da Universidade de Lisboa*
RIDP – *Revue Internationale de Droit Pénal*
RIDPP – *Rivista Italiana di Diritto e Procedura Penale*
s., ss. – seguinte, seguintes
ScI – *Scientia Ivridica*
StGB – Strafgesetzbuch (Código Penal)
t., ts. – tomo, tomos
trad. – tradução (de), traduzido (por)
Urt. – Urteil
v. – versus (contra)
vd. – vide (ver)

V. Exa. – Vossa Excelência
VIP – Very Important Persons
v.g. – verbi gratia (por exemplo)
vol., vols. – volume, volumes
WiJ – *Wirtschaftsstrafrechtliches Journal*
ZJS – *Zeischrift für das Juristische Studium*

NOTA PRÉVIA

O presente texto serviu de guião à lição que proferi no pequeno auditório da Reitoria da Universidade de Lisboa, em 8 de novembro de 2019, no segundo dia das minhas provas de agregação no 4.º Grupo (Ciências Jurídicas) da Faculdade de Direito da Universidade de Lisboa, tomando por base um estudo de caso. O júri era constituído pelos Professores Doutores José Artur Duarte Nogueira (em representação do Magnífico Reitor), Jorge de Figueiredo Dias, Manuel da Costa Andrade, José Francisco de Faria Costa (que arguiu), Anabela Miranda Rodrigues, Teresa Pizarro Beleza, António Menezes Cordeiro, Maria Fernanda Palma e Eduardo Paz Ferreira.

Agradeço aos Professores Doutores Frederico de Lacerda da Costa Pinto e Rui Soares Pereira as produtivas trocas de opiniões antes da prova.

Agradeço ao Professor Doutor Luís Greco o auxílio na compilação da doutrina e jurisprudência alemãs, à Dr.ª Ana Escher a colaboração na análise da doutrina e jurisprudência alemãs e ao Dr. Tiago Geraldo os comentários.

In memoriam Professor Doutor Augusto Silva Dias

INTRODUÇÃO

As ofertas enquadradas num contrato de patrocínio em que o patrocinador, nessa qualidade, adquire pacotes de bilhetes e viagens para um evento cultural ou desportivo, que depois oferece a diversos convidados, alguns deles funcionários (na aceção do artigo 386.º do Código Penal – CP), têm frequentemente suscitado dúvidas sobre se preenchem, ou não, o tipo de crime de recebimento indevido de vantagem, do lado ativo, p. e p. no artigo 372.º, n.º 2, do CP. Um cabal esclarecimento destas dúvidas implica a segregação de algumas questões para análise de pormenor. Os problemas que conseguimos isolar são os seguintes:

i. Qual o significado e a relevância da expressão "no exercício das suas funções ou por causa delas", contida no artigo 372.º do CP?
ii. As ofertas enquadradas num contrato de patrocínio preenchem o tipo objetivo do crime previsto no artigo 372.º, n.º 2, do CP?
iii. O tipo objetivo do crime de recebimento indevido de vantagem, interpretado à luz do princípio da ofensividade (*nullum crimen sine iniuria*), pressupõe ou não algum tipo de nexo de idoneidade lesiva entre a oferta da vantagem e o âmbito funcional ou decisório do funcionário que recebe a oferta?

iv. Qual o sentido da cláusula de adequação social consagrada no n.º 3 do artigo 372.º do CP? Será reconduzível ao conceito de valor diminuto previsto no artigo 202.º do CP (equivalente a uma unidade de conta, atualmente fixada no valor de € 102,00), tal como é defendido por alguma doutrina? Qual a relação da adequação social com os "usos e costumes" também referidos no n.º 3 do artigo 372.º do CP?
v. A relativa novidade desta incriminação (prevista apenas desde setembro de 2010) tem relevância no quadro de um eventual erro sobre a ilicitude? Em caso afirmativo, com que base e com que consequências? Aplicar-se-ia, nesse cenário, o artigo 16.º, n.º 1, parte final, ou o artigo 17.º, ambos do CP?

O crime de recebimento indevido de vantagem foi introduzido na legislação portuguesa através da 25.ª alteração ao Código Penal (Lei n.º 32/2010, de 2 de setembro). A lei penal portuguesa inspirou-se diretamente na lei alemã. Com efeito, o novo crime de recebimento indevido de vantagem reflete a própria designação da *Vorteilsannahme* (§ 331 Abs. 1 *Strafgesetzbuch* – StGB) da Lei de Combate à Corrupção (*Gesetz zur Bekämpfung der Korruption* – KorrBekG), de 13 de agosto de 1997, que prevê as situações em que um funcionário, alguém especialmente obrigado ao serviço público ou um militar exige ou aceita uma vantagem (*Vorteil*), para si ou para terceiro, para o exercício da função, sendo punível com pena de prisão até 3 anos ou com multa[1]. Do lado ativo, a oferta ou promessa de vantagem inspira-se na *Vorteilsgewährung* (§ 333 Abs. 1 StGB), que abrange as situações em que o particular oferece, promete ou concede a um funcionário, a alguém especialmente obrigado ao serviço público ou a um militar uma vantagem, para si ou para terceiro, para o exercício da função, sendo punível com prisão até 3 anos ou multa[2]. O que merece ser desta-

[1] Atualmente também é abrangido o funcionário europeu.
[2] Atualmente também é abrangido o funcionário europeu.

cado nestas normas incriminadoras é o facto de não exigirem que a vantagem se destine à gratificação de ações ou omissões concretas por parte do funcionário, bastando que haja uma conexão genérica com o exercício da função. Ora, a aplicação destas normas incriminadoras pelos tribunais alemães não tem sido isenta de dificuldades. Nada melhor do que analisar então os casos da jurisprudência alemã, a fim de antecipar as dificuldades no tocante à aplicação dos novos tipos de crime da lei portuguesa[3].

Começaremos então por analisar um caso paradigmático da jurisprudência alemã (Primeira Parte), antes mesmo de respondermos separadamente às nossas questões pela ordem em que foram apresentadas (Segunda Parte) e terminaremos oferecendo uma síntese de direito português (Conclusões).

[3] Para desenvolvimentos, cf. PAULO DE SOUSA MENDES, "Os novos crimes de recebimento e de oferta indevidos de vantagem", in: AA.VV., *As alterações de 2010 ao Código Penal e ao Código de Processo Penal* (org.: Rui do Carmo e Helena Leitão), Coimbra: Coimbra Editora/Centro de Estudos Judiciários, 2011, pp. 29-41. Em republicação, do mesmo A., "O novo crime de recebimento indevido de vantagem no Código Penal português", in: AA.VV., *Direito Penal Económico e Financeiro – Conferências do Curso Pós--Graduado de Aperfeiçoamento* (coord. científica: Maria Fernanda Palma, Augusto Silva Dias, Paulo de Sousa Mendes), Coimbra: Almedina, 2012, pp. 329-340.

PRIMEIRA PARTE

O *leading case* é o Caso dos Vales para o Campeonato do Mundo de Futebol de 2006 (*WM-Ticketaffäre*), na Alemanha[4]. Na sequência, faremos a apresentação do caso com base no Acórdão da 1.ª Secção Criminal do Supremo Tribunal Federal (*Bundesgerichtshof – BGH*), de 14 de outubro de 2008[5], que confirmou definitivamente a absolvição do arguido relativamente à prática de vários crimes de oferecimento de vantagem.

I. O Caso WM-Ticketaffäre 2006 (ou Caso-EnBW)

Em 28 de novembro de 2007, o Tribunal Regional de Karlsruhe (*Landgericht Karlsruhe* – LG Karlsruhe) já tinha absolvido o diretor-

[4] Cf. Dieter Schmalz, *Vorteilsgewährung, § 333 StGB: Abgrenzung zwischen erlaubtem Sponsoring und strafbarer Korruption*. Online: http://juratelegramm.de/faelle/strafrecht/BGH_1_StR_260_08.htm (consultado em 17.06.2018). Igualmente, cf. Rolf E. Köllner, *Korruptionsstrafbarkeit durch "Klimapflege": Mögliche Strafbarkeit sozialadäquater Handlungen*. Online: http://www.strafverteidiger.de/Zirk-1StR260-08-EnBW.htm (consultado em 17.06.2018).

[5] Cf. BGH Urteil v. 14.10.2008 (1 StR 260/08). Online: http://www.kanzlei-roth.de/media/BGH1StR26008.pdf (consultado em 17.06.2018).

-geral da sociedade *Energie Baden-Württemberg AG* (EnBW) de sete acusações relativas ao crime de oferecimento de vantagem, tendo o Ministério Público (*Staatsanwaltschaft*) então recorrido da decisão para o BGH.

1. Da decisão absolutória prolatada pelo Landgericht Karlsruhe

Os factos dados como provados pelo LG Karlsruhe, como único juiz de facto (*Tatrichter*), foram os seguintes:

Em 2002, a EnBW tornara-se patrocinadora, junto da Federação Internacional de Futebol Associado (FIFA), do Alemanha 2006, detendo os respetivos direitos de publicidade. No estado de Bade-Vurtemberga (*Baden-Württemberg*) era, aliás, patrocinadora exclusiva. Como contrapartida, a EnBW recebera catorze mil vales de entrada para os jogos do Alemanha 2006, que poderia distribuir a convidados. Os convites poderiam ser dirigidos, em parte, a representantes de instituições oriundas da vida económica, social, científica, cultural e política. Em 20 de dezembro de 2005, o arguido assinou cerca de setecentos postais de boas-festas, cujos destinatários foram recolhidos da sua base de dados de personalidades VIP. Três colaboradoras do arguido sugeriram-lhe que juntasse aos postais, como presentes, vales para os jogos do Alemanha 2006. A ideia fazia parte, aliás, de um catálogo de presentes que as colaboradoras, juntamente com a diretora de relações públicas da empresa, tinham preparado. Os vales ostentavam o logótipo da EnBW, na qualidade de patrocinadora oficial do Alemanha 2006, e podiam ser trocados por bilhetes para os camarotes dos estádios de Berlim e Estugarda. A oferta dos bilhetes propriamente ditos não era autorizada pela FIFA e os vales eram pessoais e intransmissíveis. O arguido concordou com a ideia das suas colaboradoras e com a lista de pessoas contempladas. Na sequência, o arguido subscreveu postais de boas-festas acompanhados de vales para trinta e seis personalidades, das quais sete foram relevantes para o processo-crime, a saber: o Primeiro-Ministro e cinco ministros do estado de Bade-Vurtemberga e o Secretário de Estado Federal para o Ambiente, a Conservação da Natureza e a Segurança das Centrais Nucleares. Todos os ministros receberam dois vales e o Secretário de Estado Federal apenas um, perfazendo um total de treze vales. Os ministros e os respetivos serviços tinham a seu cargo dossiês de grande importância para a política comercial e o desenvolvimento económico da empresa em questão. O mesmo se aplicava ao Ministério Federal do Ambiente. Estas relações (*Beziehungen*) eram do conhecimento do arguido. Os votos de boas-festas dirigidos a uma ministra de Bade-Vurtemberga diziam: "Muito agradecendo a V. Exa. a colaboração sempre excelente!" No entanto, o arguido ainda não sabia, ao escrever estas palavras, que tais votos haveriam de ser acompanhados da oferta dos vales. O arguido agiu no âmbito do patrocínio concedido pela EnBW ao Alemanha 2006, mas com grande liberdade de escolha, enquanto diretor-geral. Era do seu conhecimento que os sete beneficiários faziam parte de um círculo de altas personalidades a considerar.

O envio dos vales chegou ao conhecimento da comunicação social, que deu ampla cobertura ao caso. Em função das notícias, o Ministério Público de Karlsruhe instaurou, em meados de fevereiro de 2006, um inquérito preliminar (*Ermittlungsverfahren*) contra o arguido. Entretanto, o Primeiro-Ministro recusou, por ofício de 2 de março de 2006, os convites, em nome dos membros do Governo Regional (*Landesregierung*). Na mesma data, o Secretário de Estado Federal também declinou o convite. Não obstante a oferta dos vales estar contemplada no patrocínio oficial, o arguido cancelou então o envio de mais vales.

Todos os membros do Governo Regional beneficiavam de livre acesso, com direito a acompanhante, aos jogos do Alemanha 2006 a disputar em Estugarda. À sua disposição estavam tanto os lugares nos camarotes que o estado partilhava com a Daimler-Chrysler, como também na zona de honra da FIFA. Acresce que o Conselho de Ministros (*Ministerrat*) aprovara, em 21 de maio de 2005, uma resolução

(*Beschluss*), que dispunha, entre outras coisas, o seguinte: "Convites de cortesia para eventos em que a comparência de um membro do Governo integra as suas obrigações de representação não são considerados presentes e estão dispensados de aprovação".

O LG Karlsruhe absolveu o arguido, com base em razões de facto e de direito.

1.1. Dos motivos de facto da absolvição pelo LG Karlsruhe

Os motivos de facto que ditaram a absolvição resumem-se à falta de prova que demonstrasse a existência no caso do chamado acordo ilícito (*Unrechtsvereinbarung*), que a doutrina e a jurisprudência alemãs, em geral, exigem como elemento de conexão (intencionado) da vantagem com o exercício das funções e que é expresso através da exigência prevista no tipo do § 333 Abs. 1 do Código Penal (*Strafgesetzbuch* – StGB)[6] de que o oferecimento ou promessa seja feito "para o exercício da função" ("*für die Dienstausübung*")[7].

Em especial, o LG Karlsruhe analisou os seguintes aspetos factuais: i) a situação concreta à luz do conceito geral de patrocínio (*Sponsoring*); ii) o montante e a adequação da vantagem (considerando essencialmente que o valor elevado dos bilhetes era reconduzível às finalidades publicitárias pretendidas e que tal valor elevado não era, atendendo aos cargos, suscetível de exercer qualquer influência sobre os funcionários, o que valeria desde logo para aqueles funcionários que, em razão do cargo, teriam de estar presentes no evento); iii) a transparência do ato de oferta da vantagem (enquanto indício

[6] Também no § 331 Abs. 1 StGB.

[7] Por todos, cf. MANFRED MÖHRENSCHLAGER, "Der strafrechtliche Schutz gegen Korruption", in: AA.VV., *Handbuch der Korruptionsprävention – Für Wirtschaftsunternehmen und öffentliche Verwaltung* (org.: Dieter Dölling), München: Beck, 2007, (pp. 377-561) pp. 413-420.

contrário a uma situação de recebimento indevido de vantagem); iv) a representação no evento como parte das funções do funcionário; finalmente, v) a ausência de dolo do oferente no tocante à possibilidade de o funcionário interpretar a vantagem que lhe era oferecida como uma expetativa relacionada com o exercício da respetiva função (BGH Urt. v. 14.10.2008, 1 StR 260/08).

1.2. Dos motivos de direito da absolvição pelo LG Karlsruhe

Os motivos de direito da absolvição pelo LG Karlsruhe foram de duas ordens, a saber:

i) Por um lado, os vales não foram considerados como vantagens, no sentido do § 333 Abs. 1 StGB;
ii) Por outro, a resolução do Conselho de Ministros foi equiparada à existência de autorização prévia da entidade competente, como tal suscetível de afastar a punibilidade do facto, nos termos do § 333 Abs. 3 StGB.

Conforme o disposto no § 333 Abs. 3 StGB, o facto não é punível se a autoridade competente autorizar a oferta da vantagem, quer previamente quer após comunicação imediata por parte do beneficiário[8]. Na leitura do LG Karlsruhe, a deliberação do Conselho de Ministros valia como autorização prévia, no sentido do § 333 Abs. 3 StGB, pelo que justificava o facto e, por isso mesmo, afastava a sua punibilidade.

Resumidamente, a fórmula a que o LG Karlsruhe recorreu para a decisão do caso foi a seguinte: "Se, à luz de um exame geral de todas as circunstâncias do caso, não for possível excluir a possibilidade de a vantagem ter um outro motivo (fundamentado) que não seja o de influenciar o exercício da função, então falha a prova da existência

[8] Igualmente no § 331 Abs. 3 StGB.

de um acordo ilícito como elemento típico do crime de recebimento indevido de vantagem"[9].

2. Dos motivos da confirmação da decisão absolutória pelo BGH

Em via de recurso, a 1.ª Secção Criminal do BGH rejeitou as razões do Ministério Público, ora recorrente, desde logo notando que os poderes de cognição do Tribunal de recurso estavam limitados à matéria de direito, ao passo que o recorrente se limitara a desconstruir a apreciação da prova realizada pelo Tribunal recorrido e não apontara qualquer erro na aplicação do direito.

O Acórdão da 1.ª Secção Criminal do BGH, apesar de manter integralmente a decisão recorrida, é, mesmo assim, de suma importância para se compreender todo o alcance das tecnicidades jurídicas que o preenchimento deste tipo de crime suscita, tanto mais que o caso vertente é absolutamente claro nos seus contornos factuais e ainda assim terminou com a absolvição do arguido. Como se costuma dizer, o diabo esconde-se nos detalhes.

A 1.ª Secção Criminal do BGH criticou, em aspetos importantes, a decisão recorrida da Câmara Penal de Juízes Togados e Jurados Populares do LG Karlsruhe. Por um lado, o BGH considerou o aresto juridicamente errado na parte em que concluía não ter havido vantagem, no sentido do § 333 Abs. 1 StGB. Por outro lado, o aresto também foi rejeitado na parte em que considerava a resolução do Conselho de Ministros como autorização prévia, no sentido do § 333 Abs. 3 StGB. Só que essas duas críticas não bastaram para reverter a decisão de absolvição, na medida em que o LG Karlsruhe considerara ainda como

[9] Em língua original: "*Sofern* [...] *nach einer Gesamtschau sämtlicher Umstande die nahe liegende Möglichkeit nicht ausgeschlossen werden kann, dass die Zuwendung einen (sachlich gerechtfertigten) anderen Beweggrund als den der Beeinflussung der Dienstausübung hat, ist eine Unrechtsvereinbarung als Tatbestand der Vorteilsgewährung nicht nachzuweisen*".

não provada a existência do acordo ilícito, o que, sendo matéria de facto, extravasava já dos poderes de cognição do Tribunal de recurso.

Seja como for, o BGH explicou desenvolvidamente os motivos de direito pelos quais discordava do LG Karlsruhe.

2.1. O conceito de vantagem

Os vales constituem uma vantagem, ao contrário do pretendido pelo LG Karlsruhe. É vantagem qualquer prestação que não seja devida a um funcionário e que melhore a respetiva situação económica, jurídica ou simplesmente pessoal. Essa melhoria ocorre através de ofertas materiais de qualquer espécie, o que inclui vales de entrada para eventos pagos, já que possuem valor monetário. A alegação, no caso vertente, de que os funcionários tinham outra via de acesso aos jogos do Alemanha 2006 a disputar em Estugarda não era relevante para afastar a qualificação dos vales como vantagens, no entendimento do BGH. Além de que as vantagens que o arguido ofereceu não eram idênticas àquelas a que os membros do Governo Regional e o Secretário de Estado Federal teriam direito, pois reportavam-se a camarotes diferentes, sendo que os camarotes da EnBW previam serviço de bebidas e canapés.

O BGH tão-pouco partilhou a opinião do LG Karlsruhe de que os vales serviam apenas para assegurar a representação oficial do estado federado ou da República Federal. De facto, existe uma corrente que sustenta não haver aproveitamento de vantagem quando são utilizados para fins pessoais os meios postos à disposição para o exercício da função ou serviço (neste sentido, a decisão do OLG Zweibrücken *NStZ* 1982, 204, a propósito do uso de combustível para fins particulares por parte de agentes policiais), mas o BGH não aceitou que os presentes que visavam proporcionar o gozo do espetáculo de um jogo de futebol do Campeonato Mundial fossem equivalentes aos meios normalmente postos à disposição para o exercício da função ou serviço.

2.2. O conceito de autorização

No tocante à aceitação, por parte do LG Karlsruhe, da justificação do facto à luz da resolução do Conselho de Ministros, o BGH considerou que teria sido possível sustentar uma visão mais restritiva, no sentido de englobar nos convites de cortesia (*Ehrenkarten*) somente os que fossem feitos diretamente pelos organizadores dos eventos (neste caso, a FIFA) aos seus convidados de honra. O teor literal da dita resolução impunha, aliás, essa interpretação restritiva, na medida em que dispunha que "[os convites de cortesia] não estão sujeitos à obrigatoriedade de aprovação", em vez de dispor, com maior latitude, que são simplesmente autorizados. De resto, não seria aceitável que o Conselho de Ministros autorizasse genericamente convites de cortesia independentemente dos deveres de representação concretos dos ministros.

2.3. O conceito de acordo ilícito intencionado

Não obstante não poder criticar a decisão do LG Karlsruhe quanto à matéria de facto dada como provada, a 1.ª Secção Criminal do BGH não deixou de tecer importantes considerações sobre a definição do conceito de acordo ilícito, ainda que meramente intencionado (*angestrebten*), o qual é necessário para o preenchimento de cada um dos tipos de ilícito (no caso vertente, só na forma ativa).

Para o efeito, o BGH começou por notar que a KorrBekG de 1997 atenuara o grau de exigência relativo às características do acordo ilícito intencionado, no âmbito dos então criados crimes de recebimento indevido de vantagem. Ora, o acordo ilícito intencionado é o elemento nuclear de todos os tipos de crime de corrupção, em sentido amplo. Nos clássicos tipos de crime de corrupção, o foco do acordo ilícito era o ato de ofício, ao passo que nos novos tipos de crime passou a ser o exercício do serviço.

Foi intenção do legislador ultrapassar as dificuldades de prova que derivavam do facto de, tratando-se de altos funcionários e com amplas competências, ser mais difícil de estabelecer a correlação da peita ou suborno com um particular ato de ofício. Além disso, o legislador pretendeu abarcar as situações de procura da criação de boas-vontades na Administração, mas manteve, conscientemente, a exigência do acordo ilícito intencionado como condição do preenchimento dos §§ 331 e 333 StGB. De facto, o legislador recusou uma anterior Proposta de Lei de Combate à Corrupção, de 18 de dezembro de 1995, da Câmara Alta do Parlamento (*Bundesrat*)[10], a qual prescindia do acordo ilícito e pretendia punir simplesmente o recebimento e o oferecimento ou promessa indevidos de vantagem "em conexão com o seu cargo" ("*im Zusammenhang mit seinem Amt*"). Tal permitiria punir a simples promoção de um "ambiente geral" ("*allgemeine Klimapflege*") propício à tomada de decisões do funcionário ou punir aquilo que se designa na gíria por "lançar o isco" ("*Anfüttern*"). Mas o Governo Federal e a Comissão Parlamentar dos Direitos Fundamentais (*Rechtsausschuss des Deutschen Bundestages*) criticaram a extensão preconizada para os novos tipos de crime por incluírem situações socialmente adequadas no âmbito dos factos puníveis, o que seria inaceitável.

Entre a vantagem e o exercício do serviço deve, pois, estabelecer-se uma "relação de reciprocidade" ("*Gegenseitigkeitsverhältnis*"), no sentido de o acordo ilícito desejado, expresso ou tácito, encontrar a sua razão de ser precisamente nesse exercício do serviço, função ou cargo. Tal exige que a finalidade da entrega ou promessa da vantagem seja a de influenciar o exercício do serviço no futuro ou gratificar o seu exercício no passado. É suficiente que a vontade (*Wille*) do particular que oferece ou promete a vantagem se dirija à criação de uma boa-vontade relativamente a decisões futuras, a qual possa vir a ser ativada oportunamente.

[10] Cf. *Bundesratsentwurf eines Korruptionsbekämpfungsgesetzes vom 18. Dezember 1995* (BTDrucks. 13/3353). Na verdade, a iniciativa partira, antes disso, do estado federado de Berlim (*Land Berlin*), em 24 de maio de 1995.

Saber se é perseguido um fim criminoso ou qualquer outro fim é matéria de facto (*Tatfrage*). O Tribunal de recurso reconheceu que o conceito de acordo ilícito utilizado é de difícil delimitação e pode levantar questões probatórias de difícil resolução, para além de atribuir um amplo poder de decisão ao juiz de facto.

Na tentativa de densificar o conceito de acordo ilícito, enquanto dependente da finalidade de alguém através da vantagem influenciar ou gratificar o exercício de uma função pública, o BGH baseou-se em quatro indícios, a saber:

i) A plausibilidade de uma finalidade alternativa à finalidade ilícita (por exemplo, no caso vertente, um ato publicitário);
ii) A posição do funcionário e a relação que quem oferece a vantagem tem com as tarefas do funcionário (por exemplo, no caso concreto, tratar-se de um ministro cuja pasta estava relacionada com a atividade da empresa);
iii) A forma de proceder na concretização da vantagem (por exemplo, no caso concreto, o procedimento ser transparente e público);
iv) O tipo, o valor e a frequência das vantagens (por exemplo, no caso concreto, os vales serem pessoais e intransmissíveis e o valor ser diminuto para os funcionários que, de qualquer forma, iriam por dever de ofício estar presentes no jogo).

Tudo terá, no entanto, de passar por uma ponderação axiológica (*Wertungsbeurteilung*) da situação no seu conjunto, a qual acabará por ser determinante do sentido final da decisão do juiz de facto. Tal significa que nenhum dos indícios, só por si, é determinante.

O Tribunal de recurso atendeu ainda à circunstância de o Campeonato do Mundo de Futebol ser um evento que exigia a cooperação estreita entre a economia e a política e que este tipo de cooperação fora, de resto, fomentado de forma oficial pelo Governo Federal, o que correspondia aos usos mundialmente difundidos para este tipo de eventos.

Em suma, o que releva não é a existência efetiva do acordo de ilicitude. É suficiente que a oferta vise a um tal acordo. Como possíveis indícios dessa vontade de influenciar ou gratificar o exercício da função, o juiz de facto deve tomar em consideração, entre outros aspetos, a relação do particular com o serviço, as competências funcionais do funcionário, o procedimento utilizado para concretizar a entrega da vantagem e a natureza, o valor e a frequência das vantagens. Por exemplo, o disfarce no procedimento de entrega da vantagem poderá constituir um forte indício do acordo ilícito intencionado. O BGH destacou, no entanto, as enormes dificuldades de interpretação e prova suscitadas por este elemento típico do acordo ilícito intencionado.

3. A receção doutrinária da decisão do BGH

Em geral, a doutrina alemã expressou a sua concordância com a absolvição (*Freispruch*) decretada neste caso, de mais a mais entendendo que este tipo de patrocínio deve ficar à margem da punibilidade.

3.1. A concordância doutrinária unânime com a absolvição

Roxin destacou que: "[a] Decisão-EnBW realmente encontrou um excelente acolhimento na literatura. O seu resultado – absolvição – foi geralmente bem-vindo, embora alguma indeterminação nos fatores cruciais para a decisão seja depois avaliada de forma crítica pela generalidade da doutrina"[11].

[11] Em língua original: "*Das EnBW-Urteil hat in der Literatur ebenfalls eine große Resonanz gefunden. Sein Ergebnis – Freispruch – wurde allgemein begrüßt, die Unbestimmtheit der für die Entscheidung maßgebenden Umstande aber ganz überwiegend kritisch beurteilt*" (Claus Roxin, "Vorteilsannahme", in: AA.VV., *Festschrift für Walter Kargl zum 70. Geburtstag* [Peter-Alexis Albrecht, Stefan Kirsch, Ulfrid Neumann e Stefan Sinner], Berlin: BWV, 2015, [pp. 459-477] p. 469).

Kuhlen vai ao ponto de afirmar que a doutrina é unânime no acolhimento das decisões do LG Karlsruhe e do BGH no caso vertente[12].

3.2. A discussão doutrinária acerca dos fundamentos da decisão do BGH

Onde a doutrina diverge é então nas ilações tiradas deste caso. À luz do Caso-EnBW, Trüg entendeu que o direito penal não pune as ações de patrocínio de eventos culturais e desportivos, nas suas múltiplas manifestações[13]. Mais cauteloso, Hettinger salientou que as decisões do LG Karlsruhe e do BGH no Caso-EnBW tornaram a fronteira entre o patrocínio punível e o não punível muito ténue[14]. Por sua vez, Deiters afirmou que o julgamento do Caso-EnBW nem sequer facultaria diretrizes para futuras decisões judiciais por causa dos critérios nebulosos estabelecidos pelo juiz de facto, sem visão de conjunto, assim servindo só para aumentar a incerteza que já grassava nesta matéria[15].

A crítica dirige-se, pois, à fundamentação. Por um lado, é salientada a insegurança jurídica que as decisões concordantes quanto ao resultado do LG Karlsruhe e do BGH teriam criado ao referirem-se às particularidades do caso concreto, mas sem conseguirem, do mesmo passo, formular critérios gerais de distinção entre o patrocínio puní-

[12] Cf. Lothar Kuhlen, "Sponsoring und Korruptionsstrafrecht – Zugleich eine Besprechung des EnBW-Urteils des BGH v. 14.10.2008 in diesem Heft Seite 177 ff.", *JR* 4 (2010), (pp. 148-155) p. 150.

[13] Cf. Gerson Trüg, "Vorteilsgewährung durch Übersendung von VW-Gutscheinen – Schützt Sponsoring vor Strafe?", *NJW* (2009), (pp. 196-199) p. 197.

[14] Cf. Michael Hettinger, "Anmerkung – BGH, Urt. v. 14.10.2008 – 1 StR 260/08 (LG Karlsruhe)", *JZ* 7 (2009), (pp. 370-372) p. 372.

[15] Cf. Mark Deiters, "Entscheidungsanmerkung – BGH, Urt. v. 14.10.2008 – 1 StR 260/08", *ZJS* 5 (2009), (pp. 578-581) pp. 580-581. O mesmo A. já antes fizera uma breve referência à decisão do LG Karlsruhe, ainda na pendência do recurso de revisão da sentença interposto pelo Ministério Público para o BGH. Assim, cf. Mark Deiters, "Ermöglichung der Dienstausübung als strafbare Korruption?", *ZJS* 5 (2008), (pp. 465-470) p. 466.

vel e o não punível. Por isso, Roxin antevia o seguinte: "[a] decisão em apreço levará a que os patrocinadores privados deixem de convidar os representantes das autoridades públicas porque não conseguirão saber de antemão se tal lhes custará o enfrentamento de um processo penal. Assim, poderá vir a registar-se um declínio das ações de patrocínio privado, o que é bastante indesejável"[16].

Por outro lado, perante a aludida insegurança jurídica, a resposta da doutrina passou por uma análise dos indícios (bem como por propostas de uma tipologia indiciária alternativa) que possibilitasse(m) a descoberta de critérios mais seguros de decisão. Por exemplo, Roxin sugeriu que o ponto de partida para se afastar uma situação de oferecimento e recebimento indevido de vantagem deveria ser a imediata perceção pelo público-alvo de que as vantagens se enquadram num conceito de patrocínio (*Sponsoring-Konzept*) através de um programa de promoção comercial (*Marketing-Programm*) caracterizado expressamente como "publicidade através de representação" ("*Werbung durch Repräsentation*")[17].

Mas nada impede que se prossiga uma estratégia de patrocínio e, em paralelo, se procure influenciar o exercício da função. Por isso mesmo, o contrato de patrocínio seria apenas um ponto de partida e não bastaria para se concluir pela atipicidade do oferecimento e do recebimento de vantagem. A partir daqui e apoiado nos critérios desenvolvidos jurisprudencialmente, Roxin apresentou quatro critérios que, estando preenchidos, permitiriam afastar uma vontade de influenciar o exercício da função, a saber:

i) A vantagem deve referir-se a um âmbito de representação pública[18];

[16] Em língua original: "*Tendenziell muss das Urteil dazu fuhren, dass Sponsoren auf die Einladung staatlicher Repräsentanten verzichten, weil sie nicht wissen können, wie so etwas strafrechtlich beurteilt werden wird. Das kann zu einem Rückgang der Sponsoring-Aktivitäten fuhren, der durchaus unerwünscht ist*" (Claus Roxin, *Festschrift für Walter Kargl zum 70. Geburtstag*, cit., p. 469).

[17] Cf. Claus Roxin, *Festschrift für Walter Kargl zum 70. Geburtstag*, cit., p. 470.

[18] Cf. Claus Roxin, *Festschrift für Walter Kargl zum 70. Geburtstag*, cit., p. 470.

ii) A vantagem não deve ultrapassar a dimensão habitual neste tipo de eventos (por exemplo, é adequado o convite extensivo a mais do que uma pessoa, mas já não a 25 membros da família ou da empresa)[19];

iii) As relações oficiais entre quem oferece e quem recebe a vantagem não podem ser determinantes, embora este critério não seja decisivo[20].

iv) O convite deve ser transparente[21].

Aplicando quanto ficou dito ao Caso-EnBW, Roxin concluiu que estava excluída uma situação de oferecimento indevido de vantagem. De mais a mais, Roxin citou Kuhlen, que considerara não dever haver dúvidas sobre a impunibilidade (*Straflosigkeit*) no Caso-EnBW[22].

Outro A., Trüg, propôs quatro passos para o exame do recebimento de vantagem indevida em casos de oferecimento de bilhetes para eventos a funcionários, a saber:

i) Em regra, é de afastar um acordo ilícito se não existir qualquer relação jurídica processual, administrativa ou fiscal entre o patrocinador do evento e o funcionário[23];

ii) Existindo uma relação desse tipo entre o patrocinador do evento e o funcionário visado, então é de avaliar se o funcionário atua enquanto representante do Estado Federal ou dos estados federados (*i.e.*, a relação entre o funcionário e o evento é determinante, em vez da relação entre o funcionário e o patrocinador do evento)[24]. Se o funcionário estiver a agir em

[19] Cf. Claus Roxin, *Festschrift für Walter Kargl zum 70. Geburtstag*, cit., p. 470.

[20] Cf. Claus Roxin, *Festschrift für Walter Kargl zum 70. Geburtstag*, cit., p. 471.

[21] Cf. Claus Roxin, *Festschrift für Walter Kargl zum 70. Geburtstag*, cit., p. 471.

[22] Em língua original: "*Und* Kuhlen *betont, dass im EnBW Fall Straflosigkeit ‚eigentlich selbstverständlich sein sollte'*" (Claus Roxin, *Festschrift für Walter Kargl zum 70. Geburtstag*, cit., p. 472).

[23] Cf. Gerson Trüg, *NJW* (2009), cit., p. 198.

[24] No mesmo sentido, cf. Michael Hettinger, *JZ* 7 (2009), cit., p. 372.

funções de representação, em regra, é de excluir uma situação de recebimento de vantagem indevida[25];

iii) Existindo uma relação entre o patrocinador do evento e o funcionário e não atuando o funcionário em funções de representação, então tudo aponta no sentido de o convite de cortesia ter sido feito para influenciar o exercício da função[26];

iv) Finalmente, a conclusão provisória obtida de i) e iii) terá de ser examinada à luz da análise global e conjunta dos demais indícios. O indício da transparência não tem relevância dogmática, uma vez que o bem jurídico protegido pode ser lesado ou ameaçado mesmo quando o oferecimento da vantagem tenha sido levado a cabo diante dos olhos do público em geral[27].

Seguindo esses quatro critérios, Trüg defendeu a impunidade das ações de patrocínio de eventos culturais e desportivos, no Caso-EnBW e em geral[28].

Cabe ainda referir aqui o entendimento de Greco, que, analisando os grupos de casos alemães que se reconduzem a este tipo crime, entende muito claramente que o tipo de patrocínio subjacente ao Caso-EnBW deve ficar à margem do direito penal. Passando a citar: "[i]ngressos para jogo de futebol, que são enviados a servidores públicos que exercem função representativa, constituem vantagens que se movem na esfera pública, nomeadamente no cumprimento dessa função: fica, portanto, excluída a corrupção simples"[29].

[25] Cf. Gerson Trüg, *NJW* (2009), cit., pp. 198-199.

[26] Cf. Gerson Trüg, *NJW* (2009), cit., p. 199.

[27] Cf. Gerson Trüg, *NJW* (2009), cit., p. 199.

[28] Cf. Gerson Trüg, *NJW* (2009), cit., p. 199.

[29] Luís Greco/Adriano Teixeira, "Aproximação a uma teoria da corrupção", *RBCCrim* 134 (2017), (pp. 159-188) p. 174, destaques eliminados. Do primeiro A., "Annäherungen an eine Theorie der Korruption", *GA* 5 (2016), pp. 249-257.

3.3. A reação dos potenciais patrocinadores

Um ponto interessante a considerar passa por se perceber a reação dos potenciais patrocinadores diante destes desenvolvimentos legislativos e jurisprudenciais. Este impacto foi, precisamente, estudado por Leipold[30]. O A. reparou que o receio de que as atividades de patrocínio se reduzissem drasticamente acabou por não se confirmar na prática. O que realmente aconteceu foi que, perante a insegurança jurídica subsistente, as empresas adotaram distintas vias de reação. Leipold referiu o exemplo de empresas que passaram a incluir nos convites de cortesia uma nota de esclarecimento, declarando que com esse convite não pretendiam influenciar o exercício da função, ou ainda de empresas que criaram códigos de conduta internos que levavam em conta os desenvolvimentos da legislação penal. Outrossim, Leipold realçou que as atividades de patrocínio típicas, como é o caso paradigmático do setor desportivo, não parecem ter diminuído[31].

3.4. As críticas de política criminal

A situação de incerteza jurídica e a ampliação da esfera de decisão do juiz de facto criadas pelo *leading case* suscitaram críticas de política criminal na doutrina alemã.

Por exemplo, Valerius propôs que se repensasse o tipo (*Tatbestand*) do recebimento indevido de vantagem. O A. imaginou dois cenários: a ampliação e a redução do tipo[32].

[30] Cf. Klaus Leipold, "Strafbarkeitsrisiken bei Hospitality-Massnahmen im Sport – Ein Problem der Sozialadäquanz?", in: AA.VV., *Festschrift für Imme Roxin* (org.: Lorenz Schulz, Michael Reinhart e Oliver Sahan), Heidelberg: C. F. Müller, 2012, pp. 279-293.

[31] Cf. Klaus Leipold, *Festschrift für Imme Roxin*, cit., pp. 286-288.

[32] Cf. Brian Valerius, "Der Amtsträger zu Gast bei Freunden: Vorteilsgewährung bei Sponsoring durch Versendung von Eintrittskarten für die Fußball-Weltmeister-

A ampliação seria obtida mediante o abandono do elemento típico "para o exercício da função". A consequência desta opção seria o preenchimento do tipo através de qualquer oferecimento de vantagem. As propostas deste género não são novas e já foram discutidas aquando da reforma das incriminações de corrupção no ano de 1997[33]. Mas esta solução implicaria também a renúncia àquilo que é, ainda hoje, considerado como o cerne dos delitos de corrupção, a saber: o acordo ilícito intencionado. Para além de incluir um espetro amplíssimo de atuações consideradas lícitas no tipo do delito[34].

Já a redução iria no sentido de não bastar uma mera conexão geral com o exercício da função. Ou seja, corresponderia a um regresso ao conceito de ato de ofício (*Diensthandlung*). Esta proposta vai no sentido de se alterar a forma como é combatida a corrupção, movendo-a, cada vez mais, do campo penal para o campo da articulação do direito administrativo com a autorregulação das empresas. O A. sugeria, assim, a adoção dos chamados sistemas de cumprimento normativo voluntário (*Compliance-Systeme*) por parte das empresas[35].

Em síntese, Valerius acabou concluindo que a fronteira entre o comportamento de oferecimento de vantagens que é lícito e aquele que o não é necessita de instrumentos jurídicos de grande precisão e rigor que o direito penal não conseguiria oferecer. Um combate eficaz à corrupção pressuporia antes medidas gerais de prevenção e esclarecimento público, o que marginalizaria a capacidade de intervenção do direito penal. Segundo o A., a restrição do tipo é preferível, já que a ampliação levaria apenas a uma maior incerteza jurídica. Em sua opinião, as medidas extrapenais parecem ser mais eficazes no combate à corrupção[36].

schaft? Zugleich Besprechung von BGH, Urteil vom 14.10.2008", *GA* 2010, (pp. 211-228) pp. 218-221.

[33] Ver a nota 7.

[34] Cf. Brian Valerius, *GA* 2010, cit., pp. 218-219.

[35] Cf. Brian Valerius, *GA* 2010, cit., pp. 219-220.

[36] Cf. Brian Valerius, *GA* 2010, cit., p. 220.

4. Outros casos recentes

Não existem casos análogos à decisão do BGH de 14.10.2008, mas são comummente referidos casos que preenchem o tipo de crime de recebimento indevido de vantagem, do lado ativo[37]. Uma vez que este tipo de crime é, na sua essência, dependente do caso (*fallbezogen*), a doutrina alemã, por regra, entende que não podem ser retiradas grandes conclusões de um caso para outros[38].

[37] Cf. Claus Roxin, *Festschrift für Walter Kargl zum 70. Geburtstag*, cit., p. 459 ss.; Luís Greco/Adriano Teixeira, *RBCCrim* 134 (2017), cit., p. 159 ss.

[38] Sucintamente, os grupos de casos são os seguintes: (i) arrecadação de financiamento externo por parte de universidades públicas (Decisão do BGHSt 47, 295) – "O réu, diretor médico de uma clínica e professor universitário, recebia de uma firma de produtos técnico-hospitalares contribuições que depositava na conta de uma associação de apoio ao seu departamento criada por sua iniciativa. O dinheiro era utilizado, à revelia da administração da universidade, para fins científicos de pesquisa e para aquisição de equipamentos. O réu foi condenado conforme o § 331 StGB" (Luís Greco/Adriano Teixeira, *RBCCrim* 134 [2017], cit., p. 162). O BGH resolveu o caso através de um critério meramente formal, considerando que, para se limitar o alcance do tipo, não bastaria a vantagem ser um meio de fomentar a investigação científica, mas seria ainda necessário respeitar um procedimento de autorização e publicitação. A decisão do BGH trouxe segurança jurídica. Quase já não há casos de patrocínio por parte de empresas farmacêuticas. Há outro caso semelhante na jurisprudência alemã (cf. Luís Greco/Adriano Teixeira, *RBCCrim* 134 [2017], cit., p. 162); (ii) doações para campanhas eleitorais (Decisão do BGHSt 47, 275) – "Tratava-se do caso de um prefeito que concorria à eleição e, para isso, estava à procura de recursos. Um membro do partido procurou um determinado empresário do ramo da construção civil em busca de apoio. Embora filiado a outro partido, o empresário, na esperança de que em troca do seu auxílio financeiro recebesse apoio da prefeitura para desenvolver seu projeto de construção de um centro comercial, pagou uma elevada quantia ao partido, sem que o candidato soubesse no entanto dos concretos planos do empresário. Desses planos apenas o intermediário, membro do partido, tinha ciência. Apenas dois dias depois veio o prefeito a saber do pano de fundo da doação eleitoral. Em seguida, o empresário desistiu do seu projeto junto à prefeitura. Em penúltima e última instâncias, ambos foram absolvidos sob o argumento que faltaria um pacto de injusto (*Unrechtsvereinbarung*) entre os dois" (Luís Greco/Adriano Teixeira, *RBCCrim* 134 [2017], cit., pp. 162-163); (iii) fotografias escolares (Decisão do BGH StV 2012, 19) – "Ambos os réus trabalhavam para sociedades especializadas em realizar fotos em

II. O CONTRATO DE PATROCÍNIO

A literatura sobre o patrocínio como facto punível (*Sponsoring als Straftat*) está muito ligada à análise do Caso-EnBW, que é tido como o caso paradigmático em matéria de patrocínios (e, com menor incidência, também à análise dos grupos de casos apresentados *supra*). O cenário é o seguinte: um patrocinador (*Sponsor*) que apoia financeiramente um dado evento tem, por definição, a possibilidade de fazer a máxima difusão do apoio que concedeu junto do seu público-alvo (*target*), realizando ações publicitárias, incluindo convites a personalidades conhecidas e até a funcionários da Administração Pública, os quais podem casualmente manter relações jurídicas com o dito patrocinador.

1. O patrocínio como facto punível?

Höltkeimer dedicou uma monografia inteira à análise dos contratos de patrocínio como atividade, em si mesma, eventualmente sujeita à cominação penal. O A. começou por assinalar que um *Sponsor*, na linguagem vulgar, é quem apoia (*fördert*) outrem através de dinheiro ou serviços. No jargão publicitário, o *Sponsoring* remonta sobretudo aos anos 70 do século passado, aplicando-se a um tipo de publicidade (*marketing*) que, à época, era completamente inovador. Empresas de renome começaram a apoiar mecenaticamente eventos de âmbito cultural ou desportivo, melhorando assim a sua imagem no mercado. Atualmente, o *Sponsoring* designa a ação de quem fomenta as ativi-

escola. Pelo intermédio do corpo docente e da direção do colégio, as fotos eram realizadas e enviadas para os alunos e a seus pais e oferecidas para compra. Em contrapartida a essa intermediação e organização para a realização e envio das fotos, os fotógrafos doavam à escola dinheiro ou equipamentos (como *laptops*). O BGH considerou punível a conduta, diante certos pressupostos" (Luís Greco/Adriano Teixeira, *RBCCrim* 134 [2017], cit., p. 163).

dades do patrocinado (*Gesponserten*), mediante dinheiro ou serviços, mas recebendo em troca a cedência de direitos publicitários[39]. O A. concluía que, em princípio, os contratos de patrocínio deveriam permanecer à margem do direito penal. Mas se as relações estabelecidas entre as partes extravasarem dos fins característicos do próprio contrato de patrocínio, então as partes tornam-se, em sua opinião, alvos potenciais da repressão penal[40]. Analisando especialmente os casos de *Pharmasponsoring*, Höltkeimer salientou o dilema de o financiamento privado à investigação de novos fármacos ser, por um lado, desejado pelo Estado, mas, por outro lado, haver o risco de ser perseguido penalmente. A propósito, Höltkeimer recordava o escândalo das válvulas cardíacas (*Herzklappenskandal*). Seja como for, Höltkeimer defendeu a restrição das situações de punibilidade, de forma a circunscrevê-las a uma pequena parcela de financiamentos. Se a colaboração entre a indústria farmacêutica e os investigadores se limitar aos estudos, conferências e atividades contratualmente previstos, então não deveria haver, em sua opinião, relevância penal[41]. Höltkeimer concluiu que, pelo menos seguindo a melhor interpretação dos tipos de corrupção p. e p. no StGB, os contratos de patrocínio não são puníveis, ou porque falta, desde logo, a contraprestação de quem recebe o patrocínio ou porque, apesar de existir essa contraprestação, a conexão entre as duas prestações está contratualmente justificada, não havendo ilicitude na relação de equivalência (*Äquivalenzverhältnis*). A punibilidade subsistiria apenas quando se procurassem outros fins (normalmente de natureza financeira) para além dos que eram legítimos ao abrigo de um contrato de patrocínio normal. O A. terminava dizendo que, para além do caso excecional do *Pharmasponsoring* (que remete para interesses públicos quanto a uma investigação médica

[39] Cf. Kai Höltkeimer, *Sponsoring als Straftat – Die Bestechungsdelikte auf dem Prüfstand*, Berlin: Duncker & Humblot, 2005, pp. 21-24.

[40] Cf. Kai Höltkeimer, *Sponsoring als Straftat*, cit., pp. 188-189.

[41] Cf. Kai Höltkeimer, *Sponsoring als Straftat*, cit., pp. 190-241.

e farmacêutica eficiente e isenta), os crimes de corrupção do StGB resistem ao exame: nada obsta a uma cultura crescente de patrocínio na Alemanha[42].

Também Kuhlen, partindo da jurisprudência, se pronunciou sobre a eventual relevância penal dos contratos de patrocínio. O A. lembrou que as decisões judiciais conhecidas restringiam o âmbito de aplicação dos §§ 331 Abs. 1 e 333 Abs. 1 StGB, afastando assim a punibilidade de vantagens tipicamente associadas aos contratos de patrocínio[43].

2. A recente inovação legislativa (§ 299a StGB)

Após a decisão do BGH de 29.03.2012 que decidiu que os médicos aposentados não poderiam ser punidos por corrupção, uma vez que não podiam ser qualificados como funcionários (*Amtsträger*), no sentido do § 331 StGB, nem como representantes do setor de saúde, nos termos do § 299 StGB, o entendimento de que o quadro penal contra a corrupção existente na Alemanha continha uma lacuna no tocante à corrupção no setor da saúde consolidou-se. É aqui que se insere a alteração legislativa que deu origem ao atual § 299a StGB[44]. O caso referia-se a um prémio de 5% que um médico aposentado recebera de uma empresa farmacêutica por prescrever certos medicamentos aos seus pacientes, no âmbito da sua atividade privada, tendo o pagamento sido mascarado de honorários por conta de conferências científicas, mas só de fachada.

Kubiciel analisou os trabalhos legislativos conducentes à inserção do § 299a StGB e concluiu que esta alteração legislativa fora necessária, na medida em que visava à proteção do sistema de saúde pública enquanto instituição social e, em especial, a integridade da autono-

[42] Cf. Kai Höltkeimer, *Sponsoring als Straftat*, cit., p. 241.

[43] Cf. Lothar Kuhlen, *JR* 4 (2010), cit., pp. 150-154.

[44] Cf. Entwurf eines Gesetzes zur Bekämpfung von Korruption im Gesundheitswesen, *Bundesrat Drucksache* 360/15, de 14.08.2015.

mia decisória no setor de saúde, sendo ademais conforme à Lei Fundamental[45].

Já Schneider, referindo-se à decisão do BGH, à lacuna legal e às propostas de inserção de um § 299a StGB, concluiu que era desaconselhável a criminalização da troca de prestações no âmbito da saúde (cooperação esta que é claramente desejada pelo legislador), já que "o que é permitido e desejado no direito social não pode ser declarado proibido pelo direito penal"[46].

III. A distinção em relação à corrupção

A doutrina alemã tende a aceitar – apesar da exigência nuclear do acordo ilícito intencionado (que aproxima o crime de recebimento indevido de vantagem do crime de corrupção)[47] – que se justifica a distinção entre ambos os tipos por causa da exigência, quanto à influência, de um concreto ato de função (no crime de corrupção) ou do exercício da função em geral (no crime de recebimento indevido de vantagem)[48].

Outra distinção seria a exigência de um ato de comunicação expresso no crime de corrupção, enquanto no recebimento indevido de vantagem o ato de comunicação pode estar meramente sugerido, bas-

[45] Cf. Michael Kubiciel, "Die Straftatbestände gegen die Korruption im Gesundheitswesen: verfassungskonform, kriminalpolitisch angemessen und effektiv?", *WiJ* 1 (2016), (pp. 1-11) p. 3.

[46] Em língua original: "*was im Sozialrecht erlaubt und erwünscht ist, darf eigentlich durch das Strafrecht nicht für verboten erklärt werden*" (Hendrik Schneider, "Das Strafrecht im Dienste gesundheits-ökonomischer Steuerungsinteressen: Zuweisung gegen Entgelt als 'Korruption' de lege lata und de lege ferenda", *HRRS* [2013], [pp. 219-224] p. 224).

[47] Cf. Lothar Kuhlen, "Die Bestechungsdelikte der §§ 331-334 StGB", *JuS* 8 (2011), (pp. 673-680) p. 673.

[48] Cf. Phillip Reinhold, "Zur Strafbarkeit der Klimapflege nach §§ 331, 333 StGB", *HRRS* 4 (2010), (pp. 213-219) p. 215.

tando a mera vontade por parte do oferente de influenciar o exercício da função, por exemplo, através da espécie ou valor da vantagem oferecida[49].

IV. Os elementos do crime de recebimento indevido de vantagem

Quanto ao crime de recebimento indevido de vantagem, Kuhlen sistematizou de forma muito clara os vários elementos típicos[50]:

i. Funcionário (*Amtsträger*);
ii. Estádios de realização do acordo ilícito:
a. Exigir (negociação), *fordern* (*Verhandlung*);
b. Aceitar (acordo), *sich versprechen lassen* (*Vereinbarung*);
c. Receber (prestação), *annehmen* (*Leistung*);
iii. Vantagem (*Vorteil*): "prestação à qual o funcionário não tem direito e que melhora objetivamente a sua situação económica, jurídica ou simplesmente pessoal";
iv. Exercício da função (*Dienstausübung*): basta a relação funcional entre o funcionário e as suas tarefas;
v. Conexão entre a vantagem e o exercício da função como relação de equivalência (*Verknüpfung von Vorteil und Dienstausübung*);
vi. Dolo (*Vorsatz*).

V. Conclusões intermédias

Não encontrámos qualquer A. que se pronunciasse no sentido de o Caso-EnBW dever merecer censura penal. As divergências doutri-

[49] Cf. Phillip Reinhold, *HRRS* 4 (2010), cit., p. 215.
[50] Cf. Lothar Kuhlen, *JuS* 8 (2011), cit., pp. 673-680.

nárias incidiram sobre os fundamentos da dupla decisão absolutória. Alguns AA. apontaram a fundamentação da decisão do BGH como causadora de insegurança jurídica. Na verdade, a decisão não afastou as empresas das tradicionais ações de patrocínio de eventos culturais e desportivos, o que afasta a crítica de insegurança jurídica. A censura à fundamentação daquele aresto deve ser interpretada sobremaneira como uma revelação da tendência sistematizadora da dogmática penal alemã, que convive mal com o estilo de argumentação colado aos detalhes do caso concreto adotado pelo próprio BGH. Mas a doutrina alemã foi forçada a reconhecer que a delimitação do oferecimento e do recebimento indevidos de vantagem é dependente do caso (*case-specific*). As analogias têm, pois, de atender à natureza dependente do caso destes tipos de crime. Em princípio, as conclusões que valem para o Caso-EnBW são aplicáveis ao direito português, a menos que haja diferenças entre as ordens jurídicas alemã e portuguesa que tenham de ser consideradas mais de perto. Tal será apreciado na sequência, seguindo a ordem das questões inicialmente colocadas.

SEGUNDA PARTE

O direito comparado serve, entre outras funções, para uma visão mais autocrítica do nosso ordenamento jurídico e contribui para a solução de problemas jurídicos fundamentais, enquanto "quinto método de interpretação"[51]. Na sequência, daremos resposta individualizada às questões relativas ao direito português.

I. No exercício das suas funções ou por causa delas

A expressão "no exercício das suas funções ou por causa delas" inscrita no art. 372.º, n.os 1 e 2, do Código Penal (CP) português não aparece nos §§ 331 Abs. 1 e 333 Abs. 1 do StGB alemão que lhe serviram de fonte comparada. Esta expressão ocupa o lugar da expressão "para o exercício da função" que aparece nos §§ 331 Abs. 1 e 333 Abs. 1 do StGB alemão e que não tem paralelo no art. 372.º, n.os 1 e 2, do CP português. Na verdade, o legislador português parece estar mais próximo da solução contida na rejeitada Proposta de Lei de Combate

[51] Cf. Kai Ambos, "Estado e futuro do direito penal comparado" (trad. por António Brito Neves), *Anatomia do Crime* 6 (2018), (pp. 9-42) p. 10.

à Corrupção alemã, de 18 de dezembro de 1995, que exigia apenas que o recebimento de vantagem ocorresse no contexto do cargo do funcionário, do que da solução que vingou nos §§ 331 e 333 do StGB, onde se exige que o recebimento de vantagem seja para o exercício da função.

Por outra parte, o legislador português parece ainda ter-se socorrido de uma fórmula já anteriormente consagrada, a propósito da responsabilidade dos funcionários e agentes, nos arts. 22.º e 271.º, n.º 1, da Constituição da República Portuguesa (CRP). A mesma formulação surge a propósito do dever de denúncia para os funcionários, no art. 242.º, n.º 1, alínea *b)*, do Código de Processo Penal (CPP)[52]. Seja como for, a formulação inscrita na CRP é: "no exercício das suas funções e por causa desse exercício" (arts. 22.º e 271.º, n.º 1). Também no CPP é: "no exercício das suas funções e por causa delas" (art. 242.º, n.º 1, alínea *b)*). A substituição da copulativa "e" pela disjuntiva "ou", que consta dos arts. 372.º, n.os 1 e 2, do CP não pode deixar de ter significado. Tratando-se de elementos que fazem parte do tipo legal de crime, a disjuntiva implica que bastará provar ou um ou outro para se dar por preenchido o tipo criminal nessa parte. Basta, pois, provar que o recebimento de vantagem ocorreu no exercício das funções ou por causa das funções do funcionário em causa.

Que pode então significar a expressão no exercício das funções, a não ser que a vantagem foi aceite ou solicitada por alguém que, simplesmente, era funcionário no momento do facto? Se porventura acolhêssemos esta interpretação, então estaria encontrada a fórmula mágica para punir o funcionário corrupto e o seu corruptor sem necessidade de provar o pacto ilícito entre ambos. Qualquer vantagem para si ou para terceiro que um funcionário aceitasse ou solicitasse seria crime: por exemplo, a mala de dinheiro que o funcionário rece-

[52] Cf. José Manuel Damião da Cunha, *A Reforma Legislativa em Matéria de Corrupção – Uma análise crítica das Leis n.os 32/2010, de 2 de setembro e 41/2010, de 3 de setembro*, Coimbra: Coimbra Editora, 2011, p. 87, n. 108.

beu seria crime e a renda mensal que o funcionário recebeu por ser proprietário de um imóvel arrendado também seria crime. Qual a diferença?

E que pode significar a expressão por causa das funções, a não ser que a vantagem foi aceite ou solicitada por funcionário que estava fora do exercício das suas funções, dado encontrar-se de folga, de férias ou de baixa? Também aqui funcionaria a fórmula mágica para punir o funcionário corrupto e o seu corruptor sem necessidade de provar o pacto ilícito entre ambos. Qualquer vantagem para si ou para terceiro que um funcionário aceitasse ou solicitasse seria crime: por exemplo, a barra de ouro que o funcionário recebeu seria crime e a viagem de lua-de-mel oferecida pelo sogro também seria crime. Qual a diferença?

Naturalmente, a interpretação literal que distingue os momentos dentro do exercício e fora do exercício das funções não tem razão de ser e tornaria muito difícil de apurar se a vantagem foi aceite ou solicitada no exercício ou fora do exercício de funções públicas, uma vez que os órgãos de investigação criminal podem não conseguir obter um conhecimento preciso do momento em que se concretizou a aceitação ou solicitação da vantagem. Além de que o momento em que se mercadeja com o cargo não é essencial ao crime, mas é meramente circunstancial[53]. O ponto que está em causa é, sobretudo, um outro elemento do tipo, a saber: a vantagem tem de ser "indevida". Como afirma Damião da Cunha: "[...] o problema essencial não é só saber se o funcionário recebe (*rectius*, solicita-aceita) a vantagem na condição de funcionário ou por causa de ser funcionário (verdadeiramente só esta última vertente interessará). A questão está, além disso, em saber se a vantagem é indevida. Para se saber se é indevida tem naturalmente de ter-se em atenção as circunstâncias do 'negócio', porque só é indevida aquela que visa 'remunerar' a (sua) função do funcionário.

[53] No mesmo sentido, cf. José Manuel Damião da Cunha, *A Reforma Legislativa em Matéria de Corrupção*, cit., p. 91.

E nisso há que ter em conta todo aquele conjunto de elementos de ponderação que cumulativamente (incluindo o 'montante em jogo', mas também a existência de eventuais pretensões jurídicas do subornador dependentes daquelas funções) devam ser considerados"[54].

Só a conjugação da qualidade de funcionário (em período de serviço, de descanso ou de baixa médica) com a aceitação-solicitação indevida da vantagem permitem concluir que ocorreu uma transação com o cargo. Novamente nas palavras de Damião da Cunha: "[c]omo então saber se a vantagem é indevida: quando não haja justificação nenhuma, ou razoavelmente 'convincente', para a sua perceção, e que inequivocamente fique demonstrado que ela foi ***para*** o exercício das funções (e, necessariamente, por causa delas) – o que, em qualquer caso, exigirá sempre a demonstração de uma ligação/elo à atividade do funcionário, fundamentada com elementos concretos e objetivadores dessa mesma 'convicção'"[55].

Assim, a demonstração de que a vantagem foi aceite ou solicitada e oferecida ou prometida para o exercício das funções (e, necessariamente, por causa delas) torna-se uma condição necessária do preenchimento dos tipos de crime de recebimento indevido de vantagem. Afinal a lei portuguesa acaba não se afastando da lei alemã no tocante à exigência do pacto ilícito entre o funcionário corrupto e o corruptor como elemento implícito dos tipos de crime de recebimento indevido de vantagem, já que a vantagem só releva penalmente se for prometida ou oferecida e solicitada ou recebida para o exercício da função[56].

Em suma, a expressão "no exercício das suas funções ou por causa delas" inscrita no art. 372.º, n.º 1, do CP significa que a vantagem tem

[54] José Manuel Damião da Cunha, *A Reforma Legislativa em Matéria de Corrupção*, cit., p. 92.

[55] Cf. José Manuel Damião da Cunha, *A Reforma Legislativa em Matéria de Corrupção*, cit., p. 90, destaques do Autor.

[56] Em sentido contrário, cf. Euclides Dâmaso Simões, "Contra a corrupção – As leis de 2010", in: AA.VV., *As Alterações de 2010 ao Código Penal e ao Código de Processo Penal* (org.: Rui do Carmo e Helena Leitão), Coimbra: Coimbra Editora/Centro de Estudos Judiciários, 2011, (pp. 43-63) pp. 49-50.

de ser aceite ou solicitada para o exercício das funções (e, necessariamente, por causa delas) do funcionário para se dar por preenchido o tipo objetivo do crime de recebimento indevido de vantagem. Se tal não resultasse já por mera interpretação declarativa do art. 372.º, n.º 1, do CP, impor-se-ia então operar a redução teleológica da norma, por forma a excluir as situações de aceitação ou solicitação de vantagens em contextos habituais na vida de qualquer pessoa[57]. Na modalidade ativa, a vantagem que não for oferecida ou prometida para o exercício das funções (e, necessariamente, por causa delas) do funcionário não preenche o n.º 2 do art. 372.º do CP.

II. As ofertas enquadradas num contrato de patrocínio

O patrocínio traduz-se no apoio em dinheiro ou em espécie a organizações, eventos ou celebridades nas áreas social, cultural, ambiental, desportiva ou educativa, a troco da divulgação da marca da empresa patrocinadora[58]. O patrocínio satisfaz os objetivos de notoriedade e melhoria de imagem da empresa patrocinadora, ajudando assim à venda dos seus produtos junto do público-alvo.

Na sua essência, o patrocínio não se distingue do mecenato, embora se procure muitas vezes vincular o mecenato à responsabilidade social das empresas, ao passo que o patrocínio ligar-se-ia imediatamente à finalidade mais prosaica de obtenção de lucros por parte das empresas[59]. Na verdade, a responsabilidade social é uma sublimação

[57] Como já tivemos ocasião de defender (cf. Paulo de Sousa Mendes, *As alterações de 2010 ao Código Penal e ao Código de Processo Penal*, cit., p. 40, n. 8).

[58] Não existe um regime legal típico do contrato de patrocínio no nosso ordenamento jurídico, nem noutros do espaço europeu continental (cf. Maria de Lurdes Vargas, *Escândalos no Desporto e Perturbação do Contrato de Patrocínio – A Desconformidade Contextual da Prestação*, Lisboa: AAFDL, 2018, p. 23).

[59] Embora se reconheça que o patrocínio goza geralmente de uma aceitação positiva dos consumidores (*goodwill*) que o distingue da mera publicidade (cf. Maria de Lurdes Vargas, *Escândalos no Desporto e Perturbação do Contrato de Patrocínio*, cit., p. 48).

do espírito do lucro quando o mercado se torna mais exigente relativamente ao comportamento das empresas. A distinção não resiste, pois, à desmontagem do mito da responsabilidade social empresarial.

Doutras vezes distingue-se o patrocínio do mecenato quanto ao destino dos apoios materiais, pois estamos habituados a identificar o mecenato com a defesa da cultura erudita e o patrocínio com a promoção da cultura popular. Mas os conceitos de cultura erudita e popular variam ao sabor das dinâmicas sociais e históricas. Não é seguro, por isso mesmo, estabelecermos distinções estanques em função de conceitos mutáveis[60].

A única distinção que resta entre o patrocínio e o mecenato reside na circunstância de o Estado atribuir vantagens fiscais às empresas que financiem certas atividades que lhes são alheias. O mecenato tornou-se, pois, uma liberalidade que é compensada com benefícios fiscais, ao passo que o patrocínio publicitário é um donativo que não traz benefícios fiscais para as empresas.

Considerando que o erário não chega para tudo, o Estado incentiva as empresas a contribuírem para atividades de interesse público. Neste tocante, o Estado definirá as suas prioridades no momento em que estabelecer quais são as entidades que devem figurar na lista dos apoios que podem trazer benefícios fiscais para as empresas. Entre nós, os mecenas beneficiam de vantagens consignadas no Estatuto dos Benefícios Fiscais, aprovado pelo Decreto-Lei n.º 215/89, de 1 de julho, na republicação do mesmo pelo Decreto-Lei n.º 108/2008, de 26 de junho.

Mesmo que o patrocínio não traga benefícios fiscais para as empresas, tal não significa que o Estado se desinteresse necessariamente das áreas não contempladas no leque das entidades beneficiárias do mecenato. Simplesmente podem não ter sido consideradas áreas prioritárias para as políticas públicas de incentivo ao mecenato. Na

[60] Cf. Maria de Lurdes Vargas, *Escândalos no Desporto e Perturbação do Contrato de Patrocínio*, cit., pp. 34-38.

melhor das hipóteses, as áreas em causa podem até já ser economicamente autossuficientes ou podem prosperar à conta de meros patrocínios, como é frequentemente o caso da área desportiva.

O patrocínio é uma atividade lícita e até desejável socialmente, que satisfaz o espírito do lucro das empresas patrocinadoras, ao mesmo tempo que contribui para a realização das atividades das entidades beneficiárias.

Será que o patrocínio se pode transformar num facto punível?

Naturalmente haverá situações em que o patrocínio pode redundar na prática de um facto punível. O patrocínio não confere ao patrocinador uma proteção absoluta contra a responsabilidade criminal, se for o caso. Mas o patrocínio não é, em princípio, punível. Ou porque falta, desde logo, a contraprestação de quem recebe pessoalmente uma vantagem ou porque, existindo essa contraprestação, a conexão entre as duas prestações está contratualmente fundada, não havendo ilicitude na relação de equivalência sinalagmática. A punibilidade verificar-se-á apenas quando se procurarem outros fins para além dos que seriam legítimos ao abrigo de um contrato de patrocínio normal[61].

Se porventura fizer parte do contrato a distribuição de convites para os eventos patrocinados, então o patrocínio não preenche o tipo objetivo do crime p. e p. no art. 372.º, n.º 2, do CP[62]. Por conseguinte, as ofertas enquadradas num contrato de patrocínio em que o patrocinador, nessa qualidade, adquire pacotes de bilhetes e viagens para um evento, que depois oferece a diversos convidados, alguns deles funcionários (na aceção do art. 386.º do CP), não preenchem o tipo de crime previsto no art. 372.º, n.º 2, do CP.

[61] Cf. Kai Höltkeimer, *Sponsoring als Straftat*, cit., pp. 188-189 e 239-241.

[62] É normal que o patrocinado se obrigue a entregar um determinado número de bilhetes ou passes especiais de acesso ao evento para uso do patrocinador, seu pessoal ou parceiros comerciais (cf. Maria de Lurdes Vargas, *Escândalos no Desporto e Perturbação do Contrato de Patrocínio*, cit., p. 77).

Não se diga que é um puro produto da liberdade contratual (*i.e.*, o contrato de patrocínio) a determinar os limites da punibilidade (*i.e.*, a tipicidade do crime de recebimento indevido de vantagem, do lado ativo). A tipicidade é uma emanação das concretas escolhas de política criminal do legislador democrático que não pode ser deixada ao sabor dos poderes jurígenos dos particulares. Do que se trata antes é de reconhecer que os contratos de patrocínio, enquanto realidade económica e social, além de satisfazerem os interesses de patrocinadores e patrocinados, contribuem também para a satisfação do interesse público na promoção de atividades socialmente relevantes.

III. O RECEBIMENTO INDEVIDO DE VANTAGEM À LUZ DO PRINCÍPIO DA OFENSIVIDADE

Alguns AA. costumam caracterizar o crime de recebimento indevido de vantagem como uma "corrupção simples"[63], enquanto tipo matricial de que derivaria o legalmente chamado crime de corrupção[64]. Nesta interpretação, o crime de recebimento indevido de vantagem funcionaria como antecâmara da corrupção. O termo antecâmara suscita, porém, a dúvida sobre se a corrupção é um tipo de cri-

[63] Neste sentido, cf. Luís Greco/Adriano Teixeira, *RBCCrim* 134 (2017), cit., p. 163.

[64] Neste sentido, cf. Cláudia Cruz Santos, "Notas breves sobre os crimes de corrupção de agentes públicos (Considerações em torno do presente e do futuro do seu regime jurídico)", *Julgar* 11 (2010), (pp. 51-58) p. 57. Também da mesma A., "Os crimes de corrupção de funcionários e a Lei n.º 32/2010, de 2 de setembro ('É preciso mudar alguma coisa para que tudo continue na mesma'?)", in: AA.VV., *As Alterações de 2010 ao Código Penal e ao Código de Processo Penal* (org.: Rui do Carmo e Helena Leitão), Coimbra: Coimbra Editora/Centro de Estudos Judiciários, 2011, (pp. 9-28) pp. 14-20. Ainda da mesma A., "Os crimes de corrupção – Notas críticas a partir de um regime jurídico-penal sempre em expansão", *Julgar* 28 (2016), (pp. 89-105) pp. 91-92. Finalmente, da mesma A., *A Corrupção de Agentes Públicos e a Corrupção no Desporto – A Evolução das Incriminações Penais, a Jurisprudência, o Tempo para a Investigação e a Delação Premiada*, Coimbra: Almedina, 2018, pp. 27-31.

me especial em relação ao recebimento indevido de vantagem ou se este último é um tipo de crime subsidiário em relação à corrupção[65]. Não vamos, porém, discutir as classificações do chamado concurso de normas, que são pouco relevantes na prática.

Pela nossa parte, preferimos considerar o crime de recebimento indevido de vantagem, nas vertentes ativa e passiva, como uma incriminação alternativa à corrupção. A relação entre o recebimento indevido de vantagem, por um lado, e a corrupção, por outro, é – se os tipos penais forem bem interpretados – de alternatividade, no sentido de que o acordo ilícito intencionado por qualquer uma das partes ou bem que se destina à prática de um particular ato ou omissão do funcionário, ou bem que é para o exercício genérico da função, o que, em qualquer caso, terá de ser provado autonomamente[66]. Neste contexto, o exercício genérico da função significa, por exemplo, o superior hierárquico dizer ao funcionário que dedique uma especial atenção aos assuntos que um indivíduo, em concreto, tenha para tratar com a Administração, mas sem especificar qualquer ato ou omissão do funcionário.

Seja qual for a relação entre o recebimento indevido de vantagem e a corrupção, o ponto é que ambas as incriminações tutelam o mesmo bem jurídico.

Considerando que o que se deve salvaguardar, enquanto valores-meios necessários à vida em sociedade, são, como dizem os AA. portugueses, a legalidade e a autonomia intencional da Administração Pública[67], ou, como dizem os AA. alemães, a probidade da função

[65] Uma dúvida que resulta agravada quando lemos Cláudia Cruz Santos, que ora dá a entender que a corrupção é um crime qualificado (relação de especialidade), ora diz que o recebimento de vantagem é um crime residual (relação de subsidiariedade). Neste sentido, cf. Cláudia Cruz Santos, *Julgar* 11 (2010), cit., p. 57.

[66] Cf. Paulo de Sousa Mendes, *As Alterações de 2010 ao Código Penal e ao Código de Processo Penal*, cit., pp. 40-41.

[67] Sobre a autonomia intencional da Administração enquanto bem jurídico protegido, cf. António Manuel de Almeida Costa, *Sobre o crime de corrupção – Breve retrospetiva histórica – Corrupção e concussão – Autonomia 'típica' das corrupções 'ativa' e 'passiva' –*

pública e a confiança coletiva na imparcialidade e retidão dos funcionários públicos[68], ou, como dizem os AA. italianos, o bom funcionamento e a imparcialidade da Administração Pública[69], então deve colocar-se a seguinte questão: como é que um particular, que, por definição, não está abrangido por deveres funcionais, pode violar ou ameaçar estes valores, a ponto de merecer uma pena por oferecimento indevido de vantagem ou corrupção ativa?

A resposta à questão acima colocada passa por saber se, do ponto de vista das opções de política criminal próprias de um Estado de Direito, em sentido material, e considerando sobretudo os princípios do merecimento e da necessidade de pena, será legítimo incriminar autonomamente a parte ativa destes crimes, tal como sucede na lei portuguesa.

Importa começar por destacar que a incriminação autónoma da corrupção ativa não é uma novidade da nossa legislação penal, concebida à medida das novas tendências que pugnam por uma maior eficácia da repressão penal, mas corresponde à tradição do direito penal português. As últimas *Ordenações do Reyno*, as Ordenações Filipinas de 1603, que vigoraram até ao Código Penal de 1852, puniam a atividade do particular que, por via direta ou indireta, fizesse dádivas a funcionários, consistindo as penas na perda da fazenda, metade para a

Análise dogmática destes dois delitos, Coimbra: Universidade de Coimbra (Separata do n.º especial do *BFDUC* – Estudos em Homenagem ao Prof. Doutor Eduardo Correia), 1987, p. 93. Mais recentemente, cf. António Manuel de Almeida Costa, "Anotação aos arts. 372.º a 374.º CP – Corrupção passiva e corrupção activa", in: AA.VV., *Comentário Conimbricense do Código Penal – Parte Especial* (coord.: Jorge de Figueiredo Dias), t. III, Coimbra: Coimbra Editora, 2001, (pp. 654-823) p. 655. No mesmo sentido, cf. Frederico de Lacerda da Costa Pinto, "A intervenção penal na corrupção administrativa e política", *RFDUL* 39/2 (1998), (pp. 519-527) p. 522.

[68] Por todos, cf. Luís Greco, "'Princípio da ofensividade' e crimes de perigo abstrato – Uma introdução ao debate sobre o bem jurídico e as estruturas do delito", *RBCCrim* 49 (2004), (pp. 89-147) pp. 104-105 e 112.

[69] Por todos, cf. Sergio Seminara, "Gli interessi tutelati nei reati di corruzione", *RIDPP-Nuova Serie* 36 (1993), (pp. 951-993) pp. 961-962, mas criticando este entendimento nas pp. 962-978.

Câmara Real e a outra para o acusador, e na perda dos ofícios, cargos, ordenados e mantimentos, às quais acrescia ainda o degredo de cinco anos para África (*Ord. Filip.*, Lib. 5, Tit. 71, § 3). Se o donativo se destinasse a juiz ou oficial perante quem o particular andasse a feito ou requeresse desembargo, além das assinaladas penas, veria de imediato negado o seu direito ou pretensão[70].

O modelo manteve-se no Código Penal de 1852/1886[71], agora acolhendo não só a tradição pátria, mas também a influência do Código Penal francês de 1810, dito código napoleónico. Assim, a corrupção ativa continuava a ser um crime autónomo (veja-se os artigos 318.º, quanto ao funcionário corrupto, e 321.º, quanto ao corruptor, ambos punidos com a mesma pena legal)[72].

[70] Cf. Pascoal José de Mello Freire, *Institutiones Juris Criminalis Lusitani liber singularis*, ed. quinta in usum auditorii Conimbricensis, Conimbricae: Typis Academicis, 1860 (1.ª ed., 1794), pp. 72-73 (*De pecuniis repetundis*). Existe tradução em língua portuguesa: *Instituições de direito criminal português* (prefácio de Francisco José Velozo e trad. por Miguel Pinto de Meneses), *BMJ* 155 (Abr. 1966), pp. 5-202, especialmente pp. 136-137 (*Do suborno*), e *BMJ* 156 (Maio 1966), pp. 69-168. Também cf. Joaquim José Caetano Pereira e Sousa, *Classes dos crimes, por ordem systematica, com as penas correspondentes, segundo a legislação actual*, 2.ª ed., Lisboa: Officina de J. F. M. de Campos, 1816 (1.ª ed., 1803), p. 115. Existe edição moderna das *Ordenações Filipinas*, Lisboa: Fundação Calouste Gulbenkian, 1985 (fac-símile da edição anotada por Cândido Mendes de Almeida, Rio de Janeiro, 1870).

[71] O Código Penal de 1886 reviu o Código Penal de 1852 à luz da Nova Reforma Penal de 1884.

[72] Na vigência do Código Penal de 1852, Levy Maria Jordão defendia a autonomia dos dois delitos, mas mostrava-se contrário à cominação da mesma pena legal para ambos: "Este systema do Codigo, que aplica ao subornador as mesmas penas impostas ao empregado publico, é falso e anti-politico; – falso, porque o crime não tem igual gravidade; o subornador não tem obrigações tão fortes como o subornado, e não vende como este a justiça e a autoridade de que se acha revestido; – anti-politico, porque punindo a lei com a mesma pena o corruptor e o funccionario corrompido, impede o descobrimento dos criminosos, dando-lhes um interesse igual em fazer desaparecer as provas da sua culpabilidade" (Levy Maria Jordão, *Commentario ao Codigo Penal portuguez*, tomo III, Lisboa: Typographia de José Baptista Morando, 1854, pp. 228-247, especialmente p. 244). Luís Osório, comentando o Código Penal de 1886, era pouco claro sobre a autonomia de corrupção ativa relativamente à corrupção passiva, citando

Apareceram, entretanto, algumas vozes, agora na esteira da tradição italiana, que, destoando da maioria da doutrina lusa, consideravam a corrupção, no próprio plano *de iure condito*, como um único delito bilateral e necessariamente plurissubjetivo. Esta era a opinião de Cavaleiro de Ferreira, que dizia que a corrupção ativa e passiva são duas partes de um único todo, no sentido de que não há corrupção ativa sem corrupção passiva; e isso seja na forma consumada, seja na forma tentada (neste último caso, a promessa de vantagem feita pelo particular e aceite pelo funcionário daria imediatamente lugar à punição de ambos a título de tentativa). O A. entendia, porém, que a oferta de vantagem não aceite pelo funcionário era insuficiente para configurar uma tentativa de corrupção, apenas podendo ser punida a título de injúria no sistema do Código Penal português, que não previa, como o Código Penal italiano, o delito autónomo de instigação à corrupção[73].

A conceção italiana da corrupção como delito bilateral e necessariamente plurissubjetivo esteve quase para ser integrada na lei portuguesa, ainda que parcialmente, quando Eduardo Correia, no seu Anteprojeto de Parte Especial do Código Penal, datado de 1966, qualificou a promessa de vantagem recusada pelo funcionário como "instigação à corrupção". No último projeto que antecedeu o Código Penal de 1982 (Projeto de 1979)[74], a instigação à corrupção foi subs-

opiniões contraditórias sem tomar posição (cf. Luís Osório da Gama e Castro de Oliveira Baptista, *Notas ao Código Penal português*, vol. I, 2.ª ed., Coimbra: Coimbra Editora, 1923, pp. 693-709, especialmente p. 704).

[73] Cf. Manuel Cavaleiro de Ferreira, "Crimes de corrupção e de concussão" (Parecer), *ScI* X/52 (mar.-abr. 1961), (pp. 205-229) p. 212. Segundo Almeida Costa, a opinião agora referida tornou-se dominante na doutrina e na jurisprudência do último período de vigência do Código Penal de 1886 (cf. António Manuel de Almeida Costa, *Comentário Conimbricense do Código Penal – Parte Especial*, t. III, cit., p. 655).

[74] Sobre o percurso atribulado do anteprojeto de Eduardo Correia (Parte Geral de 1963 e Parte Especial de 1966) até à publicação do Código Penal em 1982, cf. Cristina Líbano Monteiro, "O Código Penal de 1982: Subsídio para uma compreensão histórica da sua génese", *BFDUC* 68 (1992), pp. 265-282.

tituída pela "tentativa de corrupção", acolhendo-se assim os ecos daquilo que a jurisprudência e a doutrina italianas diziam ser, afinal, o significado material do art. 322 do Código Penal italiano, dito código Rocco[75]. Nem mesmo tal disposição entrou, porém, na versão definitiva do Código Penal de 1982, o qual, embora amplamente revisto (49.ª versão)[76], é ainda o diploma em vigor.

De resto, a tentativa de corrupção estava destinada a desaparecer, por vício de incongruência, de um diploma legal como o nosso que acrescentou à própria tradição lusa aquele modelo dos crimes de corrupção que vinha do código napoleónico e que ainda hoje se confirma no Código Penal francês através da distinção entre a corrupção passiva e o tráfico de influência cometidos por pessoas que exercem funções públicas (art. 432-11 do *Code pénal*) e a corrupção passiva e o tráfico de influência cometidos por particulares (art. 433-1 do *Code pénal*)[77] e que também está presente, desde 1871, no Código Penal alemão através da distinção, no âmbito dos tipos de corrupção ou suborno (*Bestechungtatbestände*), entre as corrupções passivas (*Vorteilsan-*

[75] Desde há muito que tem sido esta a orientação da *Suprema Corte di Cassazione* em matéria de instigação à corrupção (*istigazione alla corruzione*), confirmada, por exemplo, em Cass. pen., sez. VI, 29 gennaio 1998. Veja-se o comentário a esta decisão feito por Veronica Pezzini, "Problemi interpretativi in tema di istigazione alla corruzione", *L'indice penale*, *NS*–II/1 (jan.-abr. 1999), pp. 215-229. Realmente, a *Cassazione* defende que a instigação à corrupção se consubstancia como uma hipótese alargada de crime tentado, a qual não pode, porém, ser punida adicionalmente como tentativa de corrupção *proprio sensu*, já que isso afrontaria o concurso de normas e o princípio da especialidade (cf. Veronica Pezzini, *L'indice penale*, *NS*–II/1, cit., p. 218). O tipo legal da instigação à corrupção (art. 322 do CP italiano) foi objeto de sucessivas revisões, a última das quais através da Lei n.º 190/2012. A título de jurisprudência de referência, vd. Cass. n. 49057/2013, Cass. n. 37402/2011, Cass. n. 42701/2010, Cass. n. 41339/2006, Cass. n. 28311/2003, Cass. n. 15117/2003, Cass. n. 11382/2003, Cass. n. 30268/2002, Cass. n. 2233/2001, Cass. n. 7836/2000, Cass. n. 2265/2000 e Cass. n. 4062/1999.

[76] Lei n.º 102/2019, de 6 de setembro.

[77] Sobre o modelo francês, cf. António Manuel de Almeida Costa, *Sobre o crime de corrupção*, cit., p. 31.

nahme e *Bestechlichkeit*, §§ 331-332 do *StGB*), e as corrupções ativas (*Bestechung* e *Vorteilsgewährung*, §§ 333-334 do *StGB*)[78].

A tradição não basta, porém, para justificar acriticamente as incriminações vigentes, cuja legitimidade deve ser sindicada a partir do conceito de bem jurídico como fundamento do merecimento de pena. Os particulares não estão abrangidos por deveres funcionais, mas nem por isso deixam de estar sujeitos a deveres de respeito defronte do Estado de Direito, sendo-lhes exigível que não perturbem a legalidade e a autonomia intencional da Administração Pública. Se é verdade que a Constituição, no art. 266.º, n.º 2, impõe expressamente aos agentes administrativos que respeitem a legalidade e exerçam as suas funções com imparcialidade, de mais a mais acrescentando, no art. 271.º, n.º 1, que os mesmos são responsáveis civil, criminal e disciplinarmente pelas ações ou omissões praticadas no exercício das suas funções e por causa delas de que resulte violação dos direitos ou interesses legalmente protegidos dos cidadãos, tal não significa que os próprios administrados não estejam sujeitos a deveres de respeito perante a Administração Pública. Pelo contrário, os administrados têm o dever de respeitar os princípios fundamentais do Estado de Direito, nos termos do art. 2.º da CRP. Não podemos, pois, partilhar a opinião dos que criticam a incriminação da corrupção ativa, considerando que esta sanciona comportamentos meramente imorais, nem a opinião, menos radical, dos que defendem apenas a incriminação da injúria à autoridade. De resto, o sistema italiano da corrupção como delito de participação necessária entre as partes ativa e passiva só aparentemente tornaria menos dramática a punição do corruptor, já que é sempre necessário, afinal de contas, fundamentar a sua responsabili-

[78] Figueiredo Dias, na qualidade de Presidente da Primeira Comissão de Revisão do Código Penal de 1982, expressou "[...] a certeza da tese que não encontra qualquer bilateralidade neste domínio, mas sim a existência de dois crimes distintos – a corrupção ativa e a corrupção passiva" (*Código Penal, Atas e Projeto da Comissão de Revisão*, Lisboa: Ministério da Justiça/Rei dos Livros, 1993, p. 434).

dade através de uma conjugação de deveres com o agente da Administração Pública.

A oferta ou promessa indevida de vantagem (art. 372.º, n.º 2, do CP) e a corrupção ativa (art. 374.º do CP) são crimes de resultado[79]. O resultado típico é a dádiva ou mera sugestão de uma vantagem, ainda que solicitada pelo funcionário, que chegue efetivamente ao conhecimento deste último, independentemente da aceitação da peita ou suborno[80]. Do lado passivo, o recebimento indevido de vantagem (art. 372.º, n.º 1, do CP) e a corrupção passiva (art. 374.º do CP) também são crimes de resultado. Qual é aqui o resultado típico? É a comunicação efetiva por parte do funcionário ao particular de que pretende ou aceita uma vantagem[81], ou até de que simplesmente aceita a promessa dessa vantagem[82]. Se a manifestação de vontade do fun-

[79] Parece-nos que Almeida Costa qualificou erradamente a corrupção ativa como crime de mera atividade (cf. António Manuel de Almeida Costa, *Sobre o crime de corrupção*, cit., p. 51 e p. 137). Mais recentemente, o A., modificando a sua opinião, classificou a corrupção ativa como crime de resultado (cf. António Manuel de Almeida Costa, *Comentário Conimbricense do Código Penal – Parte Especial*, tomo III, cit., pp. 683-684).

[80] Não aceitando a interpretação de que possa haver corrupção ativa já com uma oferta que pode ainda ser recusada, mas só com uma dádiva que implica já que tenha havido aceitação da vantagem por parte do funcionário, cf. Paulo Pinto de Albuquerque, *Comentário do Código Penal à luz da Constituição da República e da Convenção Europeia dos Direitos do Hom*em, 3.ª ed., Lisboa: Universidade Católica Editora, 2015, pp. 1191-1192 (comentário ao art. 374.º do CP).

[81] É necessário referir que o termo "aceitar", em vez de "receber", foi introduzido com a revisão de 1995, a fim de afastar quaisquer dúvidas acerca de que a aceitação possa ser de uma vantagem, ou da sua promessa, e não pressupõe, ao contrário do termo receber, uma efetiva receção da vantagem na esfera de disposição do agente ou de terceiro (cf. António Henriques Gaspar, "Crimes cometidos no exercício de funções públicas", in: AA.VV., *Jornadas de direito criminal – Revisão do Código Penal – Alterações ao sistema sancionatório e Parte Especial*, vol. II, Lisboa: Centro de Estudos Judiciários, 1998, pp. 387-407, especialmente p. 391.

[82] Na versão primitiva do Código Penal de 1982 (artigos 420.º e 422.º), o beneficiário da vantagem era o funcionário corrupto. Com o Decreto-Lei n.º 371/83, de 6 de outubro, foi alargado o círculo dos possíveis beneficiários, passando a abranger o cônjuge e os parentes e afins do funcionário até ao 3.º grau. Com a primeira revisão do

cionário não chegar ao conhecimento do particular teremos, quando muito, a prática de uma tentativa[83]. Claramente, a lei não faz depender a consumação do crime do recebimento efetivo de vantagem, patrimonial ou não patrimonial. A consumação da corrupção passiva não é, portanto, a outra face da medalha da corrupção ativa e é exatamente por causa disso que pode haver corrupção passiva recusada pelo particular e corrupção ativa recusada pelo funcionário, sem que tal implique qualquer espécie de contradição. São delitos unilaterais e monossubjetivos (*i.e.*, podem ser praticados por uma só pessoa, embora nada impeça, relativamente a cada um dos crimes, a coautoria ou a participação lateral).

Do ponto de vista da relação com o bem jurídico, a oferta ou promessa indevida de vantagem (art. 372.º, n.º 2, do CP) e a corrupção ativa (art. 374.º do CP) são crimes de perigo, ao passo que o recebimento indevido de vantagem (art. 372.º, n.º 1, do CP) e a corrupção passiva (art. 374.º do CP) são crimes de lesão. Não custa perceber que o funcionário corrupto perca a isenção e a imparcialidade, lesando assim a legalidade e a autonomia intencional da Administração Pública. Mas o particular, por si mesmo, não tem o poder de lesar a legalidade e a autonomia intencional da Administração Pública, a não ser por intermédio do próprio funcionário, que é, no entanto, livre e responsável pelas suas ações e omissões. Por isso, o particular só pode pôr em perigo legalidade e a autonomia intencional da Administração Pública.

Que espécie de perigo? A perigosidade das ações pode ser considerada isoladamente das circunstâncias particulares em que são praticadas ou na sua relação contextual e imediata com o bem jurídico afinal ameaçado. Há padrões de reconhecimento da perigosidade das

Código, ocorrida em 1995, o beneficiário da vantagem solicitada ou aceite pelo funcionário passou a ser, nos termos dos artigos 372.º, n.º 1, e 373.º, n.º 1, do CP, qualquer pessoa, singular ou coletiva.

[83] Para a punibilidade da tentativa de corrupção passiva (própria e imprópria, antecedente e subsequente) é necessário somente verificar os requisitos gerais da tentativa, com base nos artigos 22.º e 23.º do CP.

condutas, fundados na experiência, a que o legislador frequentemente recorre para antecipar a tutela de bens jurídicos, a ponto de criar tipos incriminadores de perigo abstrato e de perigo abstrato-concreto (aptidão). Nos crimes de perigo abstrato, em que o perigo não é elemento do tipo mas mero motivo da incriminação, e nos crimes de perigo abstrato-concreto (aptidão), em que o perigo se refere ao modo de ser objetivo da ação típica, tais padrões de reconhecimento da perigosidade das ações são bastante rígidos. Nos crimes de perigo concreto, em que o perigo se refere à iminência do resultado lesivo, o perigo carece de verificação casuística. Neste último caso, ações idênticas podem ou não ser consideradas concretamente perigosas consoante a variação das circunstâncias.

Portanto, o perigo concreto corresponde à verificação das condições só por si suficientes para a lesão do bem jurídico, que só por acaso afinal não ocorreu. Ora, o contributo do particular, só por si, nunca será suficiente para a lesão da legalidade e da autonomia intencional da Administração Pública. Aliás, a legalidade e a autonomia intencional da Administração Pública ficarão sempre na esfera de domínio exclusivo do funcionário. Não podemos, pois, classificar a oferta ou promessa indevida de vantagem (art. 372.º, n.º 2, do CP) e a corrupção ativa (art. 374.º do CP) como crimes de perigo concreto.

Serão crimes de perigo abstrato ou de perigo abstrato-concreto[84] (aptidão)[85]?

Seriam crimes de perigo abstrato somente se o legislador tivesse, pura e simplesmente, proibido uma certa ação legalmente definida.

[84] A descoberta desta categoria e a correspondente designação pertencem a HORST SCHRÖDER, "Abstrakt-konkrete Gefährdungsdelikte?", *JZ* 1967, pp. 522-525. Do mesmo A., "Les délits de mise en danger – Rapport particulier: Allemagne Fédérale", *Revue Internationale de Droit Pénal* 1969 (Actes du Colloque préparatoire du Xe Congrès international de droit pénal organisé par le Groupe Italien de l'Association Internationale de Droit Pénal et par le Centro Nazionale di Prevenzione e Difesa Sociale – Rome, 28-31 mai 1968), (pp. 7-31) pp. 20-24.

[85] Esta nova designação deve-se a Cf. ANDREAS HOYER, *Die Eignungsdelikte*, Berlin: Duncker & Humblot, 1987, p. 198.

Por exemplo: "Quem der ou prometer a funcionário vantagem patrimonial ou não patrimonial é punido com pena de prisão até cinco anos ou com pena de multa até 600 dias". Nesta hipótese, seria punível, por exemplo, oferecer uma flor ao funcionário. Mas não é isto que o tipo realmente descreve, nem seria legítimo que o fosse. Como diz Faria Costa: "não basta o legislador definir com exatidão a conduta ou condutas proibidas, é preciso ainda e sempre, através da categoria de mediação do cuidado-de-perigo, ver se aquela conduta proibida visa proteger, se bem que por meio da mais avançada das defesas jurídico-constitucionalmente permitidas, um concreto e determinado bem jurídico com dignidade constitucional ou, talvez ainda de maneira mais rigorosa, um bem jurídico-penal. Quando assim seja, respeitado se encontra o princípio da ofensividade, podemos, *rectius*, devemos considerar o crime de perigo abstrato como conforme à Lei Fundamental"[86].

Resta a hipótese do perigo abstrato-concreto (aptidão)[87], que, por maioria de razão, tão-pouco se basta com o facto de o legislador definir com exatidão a conduta ou condutas proibidas. A categoria dogmática dos chamados crimes de perigo abstrato-concreto (aptidão) nasceu da necessidade de se encontrar um conceito que cobrisse todo um conjunto de tipos incriminadores em que a ação típica se caracteriza pela sua idoneidade genérica para a produção do resultado lesivo. Em casos como estes, sendo certo que o preenchimento do tipo incriminador dispensa a prova da ocorrência de uma ameaça concreta para o objeto de proteção penal, nem por isso se torna dispensável a prova judicial da aptidão genérica da ação para provocar o resultado lesivo, segundo determinados padrões de perigosidade empiricamente fundados.

Nestes tipos de crime existe uma cláusula de aptidão (*Eignungsklausel*). A verificação da factualidade que preenche a cláusula de

[86] José de Faria Costa, *Direito Penal*, Lisboa: INCM, 2017, p. 273.

[87] Não discutiremos se o perigo abstrato-concreto (aptidão) é uma subespécie do perigo abstrato ou uma terceira espécie de perigo penalmente relevante.

aptidão não deve ficar apenas na dependência de puros juízos empíricos, ademais variáveis consoante os tipos incriminadores em causa, mas implica ainda descobrir se o agente criou uma fonte de perigo (*Gefahrenquelle*) para o objeto de tutela penal. A punibilidade do agente deve ser afastada se (e só se) o próprio agente tiver envidado esforços sérios para cingir a sua ação às cautelas necessárias para minorar os riscos de produção do resultado lesivo, segundo um critério flexível, de verificação casuística[88]. É deste segundo aspeto que ressalta a pregnância da tese de Hoyer, por comparação com as doutrinas tradicionais. Por um lado, distingue-se do pensamento minoritário, conforme o qual se deveria atribuir relevo à verificação casuística de que a ação do agente, por quaisquer circunstâncias fortuitas, acabara ficando esvaziada de perigosidade para o objeto de tutela penal. É que, segundo esta doutrina, deveria ser concedida margem ao julgador nestas situações para afastar a punibilidade do agente pelo próprio crime de perigo abstrato-concreto, com base no reconhecimento de que o agente deveria poder beneficiar da intercessão do acaso. Para Hoyer, bem pelo contrário, o acaso não encontra aqui lugar, se bem atentarmos na estrutura dos tipos de crime de aptidão. Em certo sentido, Hoyer está mais próximo da opinião maioritária, segundo a qual é irrelevante a verificação da falta de perigosidade concreta da ação (designadamente, é a conceção adotada geralmente pela jurisprudência do Supremo Tribunal Federal alemão, o *Bundesgerichtshof* – BGH). Mas Hoyer é mais benevolente do que a doutrina e jurisprudência maioritárias, porquanto defende que sejam levados em conta os eventuais esforços sérios do agente para anular os perigos da sua própria ação para o objeto de tutela penal, segundo a informação de que podia e devia dispor, mesmo que afinal esses esforços se tenham gorado[89]. Por certo que esta opinião é discutível, mas tem feito o seu caminho e concordamos com ela.

[88] Cf. Andreas Hoyer, *Die Eignungsdelikte*, cit., p. 198.
[89] Cf. Andreas Hoyer, *Die Eignungsdelikte*, cit., p. 201.

Quais são, então, os tipos de crime que devem ser considerados crimes de aptidão? Em sentido formal, teremos um crime de aptidão sempre que constarem do tipo legal palavras como "aptidão" (*Eignung*) ou "apto" (*geeignet*), com relevância para a caracterização da ação. A principal preocupação de Hoyer foi investigar, sempre que tais palavras ou equivalentes (*v.g.*, "idoneidade" ou "idóneo") ocorrem na letra dos tipos do Código Penal, se as mesmas valeriam como sinal de alguma semelhança estrutural que servisse de menor denominador comum a todos esses tipos. Precisamente, chegou à conclusão afirmativa, traduzida nos resultados acima reproduzidos. Assim sendo, o A. julgou-se autorizado a concluir que todos os crimes de aptidão, desde que o sejam em sentido formal, também o são em sentido material. Mas Hoyer não excluiu a hipótese de ainda poder haver outros tipos de crime de aptidão, agora apenas em sentido material. A sua intuição sussurrava-lhe que tal hipótese seria bastante provável, chegando mesmo a adiantar alguns exemplos, tais como alguns delitos de empreendimento impróprios (*unechte Unternehmensdelikte*), crimes de moeda falsa, ou até figuras gerais como a cumplicidade (*Beihilfe*). Simplesmente, o A. não cuidou de aprofundar essa possibilidade[90].

Ora, se nos guiarmos pelo critério formal, os tipos do recebimento indevido de vantagem e da corrupção ativa e passiva não podem ser considerados como delitos de aptidão. Se bem analisarmos a letra desses tipos, então nada lá encontraremos que se possa assemelhar a uma cláusula de aptidão. Mas pelo critério material, admitindo que haja delitos de aptidão em sentido exclusivamente material, já faz todo o sentido qualificá-los como delitos de aptidão, pois está em causa a aptidão genérica da oferta ou promessa de vantagem para corromper um agente da Administração Pública, independentemente de saber se esse funcionário em concreto é totalmente impoluto e incorruptível.

[90] Cf. Andreas Hoyer, *Die Eignungsdelikte*, cit., pp. 163-171 e 199-201.

Assim, importa que verifiquemos caso a caso se o particular realizou uma ação genericamente idónea a corromper um funcionário, o que implica analisar as características da vantagem, a relação entre o particular e o funcionário (*i.e.*, o âmbito decisório do funcionário) e as cautelas eventualmente tomadas pelo particular para impedir que a oferta ou promessa de vantagem fossem interpretadas como um desafio ao funcionário para se desviar da probidade, da imparcialidade e da retidão da função pública.

O conceito material de crime e o princípio da ofensividade afastam o preenchimento do tipo de crime se o particular tudo fez para que a oferta ou promessa de vantagem não ameaçassem o exercício da função pública.

Concordamos com Maria Fernanda Palma quando, no domínio da repressão penal da corrupção, entende que o conceito material de crime impede a punição de comportamentos irrelevantes e sem conexão com a efetiva violação de deveres na Administração Pública[91].

Em suma, o tipo objetivo do crime de recebimento indevido de vantagem, interpretado à luz do respetivo bem jurídico e numa lógica de ofensividade, pressupõe um nexo de idoneidade lesiva entre a oferta da vantagem e o âmbito funcional ou decisório do funcionário que recebe a oferta. Assim, o oferecimento de vantagem por parte de pessoa ou empresa que não tenha, nem, em tese, possa a vir a ter, no domínio da sua atividade, assuntos pendentes com o funcionário que beneficia da oferta afasta, em princípio, o preenchimento do tipo objetivo do crime em causa.

IV. A ADEQUAÇÃO SOCIAL E OS USOS E COSTUMES

A adequação social é um conceito arisco. A sua introdução na dogmática do direito penal ficou a dever-se a Hans Welzel (1904-1977).

[91] Cf. MARIA FERNANDA PALMA, "Conceito material de crime e reforma penal", *Anatomia do Crime* 0 (2014), (pp. 11-23) p. 21.

Na primeira fase do seu pensamento, Welzel andava, em alguma medida, perto do ordinalismo concreto (*konkretes Ordnungsdenken*) de Carl Schmitt (1888-1985)[92] e, por essa via, mantinha também alguns pontos de contacto com a Escola de Kiel, que se arvorava como porta-estandarte do chamado direito penal nacional-socialista[93]. Em Welzel, a proximidade à Escola de Kiel manifestava-se através da sua conceção de crime como lesão dos valores essenciais da vida de uma dada comunidade[94] e da consequente doutrina das ações socialmente adequadas (*sozialadäquate Handlungen*)[95], segundo a qual todas as ações que se movessem funcionalmente dentro da ordem histórica da vida social ficavam de fora dos tipos penais[96]. Mas Welzel acabaria desvalorizando o seu próprio princípio da adequação social (*soziale Adäquanz*), uma vez que esta passaria, já na segunda fase do seu pen-

[92] Cf. Carl Schmitt, "Sobre as três modalidades do pensamento jurídico" (1934), *BMJ* 26 (set.-1951), pp. 5-39, e *BMJ* 27 (nov.-1951), pp. 5-35, especialmente p. 22 e pp. 24-25.

[93] Acerca dos pontos de contacto de Welzel com a Escola de Kiel, cf. Francisco Muñoz Conde, *Edmund Mezger y el Derecho penal de su tiempo*, 4.ª ed., Barcelona: Tirant lo Blanch, 2003, pp. 89-90, n. 24. Acerca da ligação da Escola de Kiel ao ordinalismo concreto de Carl Schmitt, cf. Wolfgang Schild, *Die 'Merkmale' der Straftat und ihres Begriffs*, Ebelsbach: Rolf Gremer, 1979, pp. 29-30.

[94] Cf. Hans Welzel, "Studien zum System des Strafrechts" (1939), agora in: do mesmo A., *Abhandlungen zum Strafrecht und zur Rechtsphilosophie*, Berlin/New York: Walter de Gruyter, 1975, (pp. 120-184) pp. 140-142.

[95] Cf. Hans Welzel, *Abhandlungen zum Strafrecht und zur Rechtsphilosophie*, cit., p. 142.

[96] Caracterizando a posição originária de Welzel, Oliveira Ascensão avançava a seguinte explicação: "[s]e o direito penal se baseia na ordem cheia de significados de determinada comunidade, como poderão ser recebidas nos seus tipos condutas que de todo se conformam ao ritmo das relações sociais? Tomemos o facto de os comboios só pararem em determinadas estações: decerto que há provisórias privações de liberdade, mas de modo algum se pode caracterizar o crime de cárcere privado, dada a conformidade de tal facto à vida social. Dir-se-á que é apenas mais uma causa de justificação: mas a causa de justificação pressupõe uma matéria normalmente reprovada, faz exceção a um tipo substancialmente entendido. Tudo parece indicar que a intervenção se faça num estádio anterior, dentro da própria categoria da tipicidade" (José de Oliveira Ascensão, *Ação Finalista e Nexo Causal*, Lisboa: n.p., 1956, p. 50 do dactiloscrito).

samento, de causa de atipicidade a mero critério de justificação da conduta típica e, numa terceira e última fase, transformar-se-ia em puro critério de interpretação literal do tipo legal de crime[97].

Ainda hoje a doutrina discute vivamente sobre o que é a adequação social e o que representa para o direito penal. Designadamente discute se a adequação social exclui a tipicidade da conduta ou justifica a conduta típica, no quadro de uma distinção material entre tipo e justificação[98].

Nada nos obriga, porém, a digressionar por este debate, a não ser na medida em que se questiona a extensão da cláusula de adequação social consagrada no n.º 3 do art. 372.º do CP. A doutrina dispensaria a consagração legal de qualquer cláusula de adequação social, uma vez que a própria ideia de adequação social constitui, por si mesma, um recorte interpretativo do âmbito de aplicação de qualquer norma incriminadora, haja ou não haja cláusula de adequação social. Assim, a cláusula de adequação social como excludente da tipicidade, tal como a apresenta o legislador no n.º 3 do art. 372.º do CP, tem um carácter "quase tautológico"[99].

Enquanto tautologia significa que o recebimento de vantagem não é indevido, em termos de exercício de funções públicas, se corresponder a condutas socialmente adequadas e conformes aos usos e costumes. Ou seja, o mero recebimento de vantagem não basta para haver preenchimento do tipo de crime, o que já tínhamos demonstrado no Ponto I da Segunda Parte.

O que se torna problemático é procurar concretizar a cláusula de adequação social através da indicação de um teto monetário para a

[97] Cf. Günther Bernert, *Zur Lehre von der 'sozialen Adaequanz' und den 'sozialadaequaten Handlungen' – Ein Beitrag zum Recht der unerlaubten Handlungen*, Marburg: N. G. Elwert, 1966, pp. 1-2 e 5-88. Entre nós, cf. Maria Paula Bonifácio Ribeiro de Faria, *A Adequação Social da Conduta no Direito Penal – Ou o Valor dos Sentidos Sociais na Interpretação da Lei Penal*, Porto: Universidade Católica, 2005, pp. 58-86.

[98] Por todos, cf. Maria Paula Bonifácio Ribeiro de Faria, *A Adequação Social da Conduta no Direito Penal*, cit., pp. 1127-1140.

[99] A expressão é de José Manuel Damião da Cunha, *A Reforma Legislativa em Matéria de Corrupção*, cit., p. 93.

relevância jurídico-penal da vantagem recebida ou solicitada, quando o legislador o não fez. Tal não faria qualquer sentido, pois, como bem afirma Cláudia Cruz Santos: "aquilo que é suficiente para corromper um funcionário que recebe pouco mais do que o salário mínimo é certamente diverso daquilo que é necessário para corromper um agente público de elevado estatuto socioeconómico"[100].

Mais problemático ainda seria procurar indexar o suposto valor máximo da vantagem legítima ao conceito de valor diminuto dos crimes patrimoniais (art. 202.º do CP). Como bem refere Damião da Cunha: "uma correta interpretação deste preceito implicará negar relevância ao conceito de valor diminuto (dos crimes patrimoniais), para efeito de 'adequação social'. De facto, tendo o legislador optado por fixar escalas de valor segundo o esquema dos crimes contra o património (valor elevado; valor consideravelmente elevado), parece-nos que deveria ter considerado a consagração do valor diminuto como indicativo da 'adequação social'. Quer-se com isto dizer que a ausência de expressa referência ao 'valor diminuto' é, quanto a nós, uma opção pensada do legislador para o âmbito da corrupção. Acrescente-se que o conceito definitório de 'valor diminuto', se necessário para este concreto efeito, deve, em nosso entender, assumir conteúdo autónomo em relação ao dos valores dos crimes patrimoniais; por duas razões: *a)* pela diferença dos bens jurídicos protegidos em cada uma das tipicidades; *b)* pelo facto de o valor diminuto nos crimes contra o património servir para criar um contratipo (mas com dignidade penal e por isso ser um crime punível, contra o património), enquanto na corrupção se trata de 'negar' a tipicidade (de um crime de dever)"[101].

[100] Cláudia Cruz Santos, "A corrupção de agentes públicos em Portugal: Reflexões a partir da lei, da doutrina e da jurisprudência", in: AA.VV., *A Corrupção – Reflexões (a Partir da Lei, da Doutrina e da Jurisprudência) sobre o seu Regime Jurídico-Criminal em Expansão no Brasil e em Portugal*, Coimbra: Coimbra Editora, 2009, (pp. 99-152) p. 134.

[101] Cf. José Manuel Damião da Cunha, *A Reforma Legislativa em Matéria de Corrupção*, cit., pp. 93-94, n. 120.

A remissão para os usos e costumes que consta do n.º 3 do art. 372.º do CP é outro argumento no sentido de se negar qualquer relevância ao conceito de valor diminuto (dos crimes patrimoniais) para efeitos de delimitação da adequação social da conduta em causa, pois os usos e costumes admissíveis na Administração Pública variam em função de épocas festivas (*e.g.*, gratificações a bombeiros, cantoneiros de limpeza ou carteiros), da profissão do funcionário (*e.g.*, ofertas de manuais e outros livros de estudo a professores) ou de prémios e recompensas por atos meritórios praticados no exercício do cargo (*e.g.*, outorga de prémios e recompensas)[102]. A própria Administração Pública poderá definir os valores das ofertas admissíveis e as regras de ética dos funcionários sem nenhuma relação com o valor diminuto[103].

Em suma, a cláusula de adequação social consagrada no n.º 3 do art. 372.º do CP não pode ser reconduzida, em caso algum, ao conceito de valor diminuto previsto no art. 202.º do CP (equivalente a uma unidade de conta). Aquilo que se tem de discutir é se o valor da vantagem é razoável no contexto de um contrato de patrocínio que pode envolver custos globais para a empresa num montante impressionante aos olhos do comum dos cidadãos. Mas isto só tem que ver com a lógica do próprio patrocínio, cabendo aos administradores e diretores comerciais da empresa patrocinadora ajuizar se é compensador esportular quantias imensas na promoção da marca através de apoios a eventos culturais ou desportivos.

V. A falta de consciência da ilicitude

A falta de conhecimento da proibição em causa, dada a sua novidade na ordem jurídica portuguesa, e a eventual crença na adequação

[102] Alguns dos exemplos foram retirados de António Manuel Almeida Costa, *Sobre o crime de corrupção*, cit., p. 121.

[103] Cf. José Manuel Damião da Cunha, *A Reforma Legislativa em Matéria de Corrupção*, cit., p. 94.

social da conduta, que pode estar associada, ou não, à referida falta de conhecimento do crime em causa, convocam diferentes hipóteses de exclusão ou atenuação da culpa do agente.

Comecemos por afirmar, concordando com Paula Ribeiro de Faria, que "[a] adequação social nunca se deixa confundir com os elementos do tipo, qualquer que seja a sua natureza. A adequação social constitui um critério de definição do sentido da conduta tipicamente relevante, e nessa medida está 'fora' da norma, sendo sinónimo de um juízo, ou de uma valoração"[104].

Como decidir então o caso em que o agente se convence da adequação social de uma determinada forma de atuação sem que essa convicção ou consciência corresponda a um parâmetro socialmente aceitável ou normal? Novamente concordando com Paula Ribeiro de Faria, diremos que, se a adequação social surge como um problema de valoração da conduta típica, não é possível deixar cair o tipo ou a relevância penal da conduta, em função de uma representação errada do agente sobre o significado ou o sentido da mesma conduta[105].

Em última análise, o erro em que uma pessoa, conhecendo os elementos do tipo e a punibilidade, faz uma qualificação ou uma valoração diversa da que o Direito faz é irrelevante. O chamado erro de qualificação ou de valoração é irrelevante porque, tal como afirma José António Veloso, "[o]s critérios de valoração do Direito são públicos – são os aceites pela comunidade e aplicados pelo juiz; não são os critérios privados ou individuais do agente. A autovaloração que o agente faça do seu facto é enquanto tal irrelevante para a problemática do dolo e do erro"[106].

A divergência entre as valorações subjetivas e as valorações sociais poderá, em certos casos, relevar para a graduação da culpa[107]. A ques-

[104] Cf. Maria Paula Bonifácio Ribeiro de Faria, *A Adequação Social da Conduta no Direito Penal*, cit., p. 219.

[105] Cf. Maria Paula Bonifácio Ribeiro de Faria, *A Adequação Social da Conduta no Direito Penal*, cit., p. 665.

[106] José António Veloso, *Erro em Direito Penal*, 2.ª ed., Lisboa: AAFDL, 1999, p. 27.

[107] Cf. José António Veloso, *Erro em Direito Penal*, cit., p. 27, n. 6.

tão pode pôr-se, por exemplo, nos chamados crimes por convicção, em que o agente se guia por determinações particulares não universalizáveis. Como afirma Augusto Silva Dias, "a convicção não é, por definição, uma questão de conhecimento, mas uma questão de crença, de valor"[108]. Portanto, a área em que o problema se coloca é, quando muito, a do erro de valoração, que é irrelevante[109]. Eventualmente, a força motivadora do agente poderá determinar apenas uma diminuição acentuada da sua culpa, se outros fatores de sinal contrário não interferirem no juízo de culpabilidade[110].

Mas a circunstância de atuar convencido de que a oferta que faz a um funcionário está coberta por uma cláusula de adequação social nunca poderá chegar ao ponto de levar o agente a acreditar que uma norma jurídica positivada o não obriga? Na verdade, é possível que essa crença do agente esteja na origem de uma autêntica falta de consciência da ilicitude[111]. O conhecimento da proibição, como defende Jorge de Figueiredo Dias, pode coexistir com a falta de consciência da ilicitude[112]. Neste caso, tratar-se-ia de um erro cabível no art. 17.º do CP.

Quando a crença estiver na base de uma autêntica falta de consciência da ilicitude, deverá a mesma ser considerada como não censurável? Tudo dependerá de saber se a crença integra um ponto de vista de valor juridicamente relevante, para só em caso afirmativo se excluir a culpa do agente, nos termos do art. 17.º, n.º 1, do CP[113].

[108] Augusto Silva Dias, *A Relevância Jurídico-Penal das Decisões de Consciência*, Coimbra: Almedina, 1986, p. 143.

[109] *Ibidem*.

[110] Cf. Augusto Silva Dias, *A Relevância Jurídico-Penal das Decisões de Consciência*, cit., p. 164.

[111] Cf. Jorge de Figueiredo Dias, *O Problema da Consciência da Ilicitude em Direito Penal*, 5.ª ed., Coimbra: Coimbra Editora, 2000, p. 260.

[112] Cf. Augusto Silva Dias, *O Problema da Consciência da Ilicitude em Direito Penal*, cit., p. 358.

[113] Cf. Jorge de Figueiredo Dias, *O Problema da Consciência da Ilicitude em Direito Penal*, cit., p. 359. No mesmo sentido, cf. Rui Patrício, *Perigo, Erro e Culpa*, 1.ª reimp., Lisboa: AAFDL, 2011, pp. 145-148.

Ora, a cláusula de adequação social corresponde a um conceito indeterminado, que não pode senão convocar distintos pontos de vista de valor que o próprio juiz terá de ponderar, não sem hesitação, quando tiver de decidir o caso concreto. A primazia do caso concreto e o reconhecimento de que as soluções jurídicas e as próprias decisões judiciais não costumam ser uniformes, mas sim polémicas, complexas e múltiplas, mormente quando esteja em causa uma noção volátil e mutável como a de adequação social, não podem deixar de ter reflexos no momento em que o destinatário da norma de conduta, ele mesmo, forme um juízo subjetivo sobre a amplitude da sua liberdade de atuação, não obstante o seu conhecimento da proibição legal. Não é preciso, pois, fazer um grande esforço de construção jurídica para se perceber que a adequação social pode afinal suscitar dúvidas ao destinatário da norma de conduta que são propensas a gerar nele a falta de consciência da ilicitude, aliás não censurável, nos termos do art. 17.º, n.º 1, do CP.

Por maioria de razão, a novidade do crime aqui em causa (previsto apenas desde setembro de 2010), e da ilicitude penal que lhe está especificamente associada, é, por si mesma, suscetível de gerar uma autêntica falta de consciência da ilicitude por parte do agente, embora no quadro de uma consciência reta que torna aquela falta não censurável, nos termos do art. 17.º, n.º 1, do CP[114].

Não se contraponha que a corrupção é um crime antigo, que já vinha previsto e punido no direito romano, daí decorrendo que nenhuma consciência-ética seria compatível com a eventual convicção subjetiva de que os particulares podem brindar os funcionários com ofertas de qualquer espécie. Nesta ordem de argumentos, dir-se-ia que o conhecimento dos exatos contornos da lei incriminadora nem sequer seria necessário para formar a consciência da ilicitude, dado

[114] Cf. Jorge de Figueiredo Dias, *O Problema da Consciência da Ilicitude em Direito Penal*, cit., pp. 328-364, especialmente p. 363. Também cf. Rui Patrício, *Perigo, Erro e Culpa*, cit., p. 468.

que as valorações do proibido e do permitido se encontram fortemente disseminadas e consolidadas na consciência social[115]. Só não seria assim se estivéssemos no domínio do direito penal secundário e defronte de incriminações positivadas que não suportam imediatamente uma valoração moral, cultural ou social (*mala prohibita*). Mas esta é uma leitura, quanto nós, superficial, pois supõe uma separação entre um ilícito penal de justiça e um ilícito penal axiologicamente neutro que não é, na prática, fácil de traçar, além de que oblitera o facto indesmentível de os próprios ilícitos penais de justiça não ficarem cristalizados no tempo.

Tão-pouco se contraponha que o crime de recebimento indevido de vantagem, entre nós, já estava previsto antes de setembro de 2010, embora como corrupção simples, o que lhe retiraria materialmente a marca de novidade. Na verdade, a equiparação do recebimento indevido de vantagem à corrupção simples é uma construção de alguma doutrina penalista. Designadamente, Cláudia Cruz Santos tem defendido a tese de que a alteração legislativa do regime da corrupção de agentes públicos operada em 2001, ao eliminar da letra da lei a referência a "contrapartida", criara já um crime de recebimento indevido de vantagem *avant la lettre*[116]. Mas a tese da A. não apaga o facto de a incriminação do recebimento indevido de vantagem só ter surgido com a Lei n.º 32/2010, de 2 de setembro, que procedeu à 25.ª alteração ao Código Penal português, inserida no chamado Pacote Anticorrupção. Não pode, pois, negar-se a marca de novidade ao crime de recebimento indevido de vantagem, o que explicará as situações de autêntica falta de consciência da ilicitude não censurável neste domínio concreto.

Em suma, a falta de conhecimento, por parte do agente, da proibição em causa e da ilicitude penal que lhe está especificamente associada pode ter relevância no quadro de um erro sobre a ilicitude, nos

[115] Cf. Augusto Silva Dias, *A Relevância Jurídico-Penal das Decisões de Consciência*, cit., p. 142.
[116] Cf. Cláudia Cruz Santos, *Julgar* 28 (2016), cit., p. 91.

termos artigo 17.º do CP, eventualmente cabendo no n.º 1 do mesmo preceito, o que determina a exclusão da culpa, se o erro não lhe for censurável.

Conclusões

Em síntese, as nossas conclusões são as seguintes:

A expressão "no exercício das suas funções ou por causa delas" inscrita no art. 372.º, n.º 1, do CP significa que a vantagem tem de ser aceite ou solicitada para o exercício das funções (e, necessariamente, por causa delas) do funcionário para se dar por preenchido o tipo objetivo do crime de recebimento indevido de vantagem. Na modalidade ativa, a vantagem que não for oferecida ou prometida para o exercício das funções (e, necessariamente, por causa delas) do funcionário não preenche o n.º 2 do art. 372.º do CP.

As ofertas enquadradas num contrato de patrocínio em que o patrocinador, nessa qualidade, adquire pacotes de bilhetes e viagens para um evento, que depois oferece a diversos convidados, alguns deles funcionários (na aceção do art. 386.º do CP), não preenchem o tipo objetivo do crime previsto no art. 372.º, n.º 2, do CP.

O tipo objetivo do crime de recebimento indevido de vantagem, interpretado à luz do princípio da ofensividade, pressupõe um nexo de idoneidade lesiva entre a oferta da vantagem e o âmbito funcional ou decisório do funcionário que recebe a oferta. Assim, o oferecimento de vantagem por parte de pessoa ou empresa que não tenha, nem, em tese, possa a vir a ter, no domínio da sua atividade, assuntos pendentes com o funcionário que beneficia da oferta afasta, em princípio, o preenchimento do tipo objetivo do crime em causa.

A cláusula de adequação social consagrada no n.º 3 do art. 372.º do CP não pode ser reconduzida, em caso algum, ao conceito de valor diminuto previsto no art. 202.º do CP (equivalente a uma unidade de conta). Aquilo que se tem de discutir é se o valor da vantagem é razoável no contexto de um contrato de patrocínio que envolve custos globais para a empresa num montante impressionante aos olhos do comum dos cidadãos. Mas isto só tem que ver com a lógica do próprio patrocínio, cabendo aos administradores e aos diretores comerciais da empresa ajuizar se é compensador esportular quantias imensas na promoção da marca através de apoios a eventos culturais ou desportivos.

A falta de conhecimento, por parte do agente, da proibição em causa e da ilicitude penal que lhe está especificamente associada pode ter relevância no quadro de um erro sobre a ilicitude, nos termos artigo 17.º do CP, eventualmente cabendo no n.º 1 do mesmo preceito, o que determina a exclusão da culpa, se o erro não lhe for censurável.

BIBLIOGRAFIA CITADA

ALBUQUERQUE, Paulo Pinto de,

(2015) *Comentário do Código Penal à luz da Constituição da República e da Convenção Europeia dos Direitos do Homem*, 3.ª ed., Lisboa: Universidade Católica Editora, 2015, pp. 1191-1192 (comentário ao art. 374.º do CP).

AMBOS, Kai,

(2018) "Estado e futuro do direito penal comparado" (trad. por António Brito Neves), *Anatomia do Crime* 6, pp. 9-42.

ASCENSÃO, José de Oliveira,

(1956) *Ação Finalista e Nexo Causal*, Lisboa: n. p. (dactiloscrito).

BAPTISTA, Luís Osório da Gama e Castro de Oliveira,

(1923) *Notas ao Código Penal português*, vol. I, 2.ª ed., Coimbra: Coimbra Editora.

BERNERT, Günther,

(1966) *Zur Lehre von der 'sozialen Adaequanz' und den 'sozialadaequaten Handlungen' – Ein Beitrag zum Recht der unerlaubten Handlungen*, Marburg: N. G. Elwert.

COSTA, António Manuel de Almeida,

(1987) *Sobre o crime de corrupção – Breve retrospetiva histórica – Corrupção e concussão – Autonomia 'típica' das corrupções 'ativa' e 'passiva' – Análise dogmática destes dois delitos*, Coimbra: Universidade de Coimbra (Separata do n.º especial do BFDUC – Estudos em Homenagem ao Prof. Doutor Eduardo Correia).

(2001) "Anotação aos arts. 372.º a 374.º CP – Corrupção passiva e corrupção activa", in: AA.VV., *Comentário Conimbricense do Código Penal – Parte Especial* (coord.: Jorge de Figueiredo Dias), t. III, Coimbra: Coimbra Editora, pp. 654-823.

COSTA, José de Faria,

(2017) *Direito Penal*, Lisboa: INCM.

CUNHA, José Manuel Damião da,

(2011) *A Reforma Legislativa em Matéria de Corrupção – Uma análise crítica das Leis n.os 32/2010, de 2 de setembro e 41/2010, de 3 de setembro*, Coimbra: Coimbra Editora.

DEITERS, Mark,

(2008) "Ermöglichung der Dienstausübung als strafbare Korruption?", *ZJS* 5, pp. 465-470.

(2009) "Entscheidungsanmerkung – BGH, Urt. v. 14.10.2008 – 1 StR 260/08", *ZJS* 5, pp. 578-581.

DIAS, Augusto Silva,

(1986) *A Relevância Jurídico-Penal das Decisões de Consciência*, Coimbra: Almedina.

DIAS, Jorge de Figueiredo,

(2000) *O Problema da Consciência da Ilicitude em Direito Penal*, 5.ª ed., Coimbra: Coimbra Editora.

FARIA, Maria Paula Bonifácio Ribeiro de,

(2005) *A Adequação Social da Conduta no Direito Penal – Ou o Valor dos Sentidos Sociais na Interpretação da Lei Penal*, Porto: Universidade Católica.

FERREIRA, Manuel Cavaleiro de,

(1961) "Crimes de corrupção e de concussão" (Parecer), *ScI* X/52 (mar.-abr.), pp. 205-229.

FREIRE, Pascoal José de Mello,

(1860) *Institutiones Juris Criminalis Lusitani liber singularis, ed. quinta in usum auditorii Conimbricensis*, Conimbricae: Typis Academicis, 1860 (1.ª ed., 1794), pp. 72-73 (De pecuniis repetundis). Tradução em língua portuguesa: *Instituições de direito criminal português* (pref. de Francisco José Velozo e trad. por Miguel Pinto de Meneses), *BMJ* 155 (abr.-1966), pp. 5-202, e *BMJ* 156 (mai.-1966), pp. 69-168.

GASPAR, António Henriques,
(1998) "Crimes cometidos no exercício de funções públicas", in: AA.VV., *Jornadas de direito criminal – Revisão do Código Penal – Alterações ao sistema sancionatório e Parte Especial*, vol. II, Lisboa: Centro de Estudos Judiciários, pp. 387-407.

GRECO, Luís,
(2004) "'Princípio da ofensividade' e crimes de perigo abstrato – Uma introdução ao debate sobre o bem jurídico e as estruturas do delito", *RBCCrim* 49, pp. 89-147.
(2016) "Annäherungen an eine Theorie der Korruption", *GA* 5, pp. 249-257.

GRECO, Luís, e TEIXEIRA, Adriano,
(2017) "Aproximação a uma teoria da corrupção", *RBCCrim* 134, pp. 159-188.

HETTINGER, Michael,
(2009) "Anmerkung - BGH, Urt. v. 14.10.2008 - 1 StR 260/08 (LG Karlsruhe)", *JZ* 7, pp. 370-372.

HÖLTKEIMER, Kai,
(2005) *Sponsoring als Straftat – Die Bestechungsdelikte auf dem Prüfstand*, Berlin: Duncker & Humblot.

HOYER, Andreas,
(1987) *Die Eignungsdelikte*, Berlin: Duncker & Humblot.

JORDÃO, Levy Maria,
(1854) *Commentario ao Codigo Penal portuguez*, t. III, Lisboa: Typographia de José Baptista Morando, pp. 228-247.

KUBICIEL, Michael,
(2016) "Die Straftatbestände gegen die Korruption im Gesundheitswesen: verfassungskonform, kriminalpolitisch angemessen und effektiv?", *WiJ* 1, pp. 1-11.

KUHLEN, Lothar,
(2010) "Sponsoring und Korruptionsstrafrecht – Zugleich eine Besprechung des EnBW-Urteils des BGH v. 14.10.2008 in diesem Heft Seite 177 ff.", *JR* 4, pp. 148-155.
(2011) "Die Bestechungsdelikte der §§ 331-334 StGB", *JuS* 8, pp. 673-680.

LEIPOLD, Klaus,
(2012) "Strafbarkeitsrisiken bei Hospitality-Massnahmen im Sport – Ein Problem der Sozialadäquanz?", in: AA.VV., *Festschrift für Imme Roxin* (org.: Lorenz Schulz, Michael Reinhart e Oliver Sahan), Heidelberg: C. F. Müller, 2012, pp. 279-293.

MENDES, Paulo de Sousa,
(2011) "Os novos crimes de recebimento e de oferta indevidos de vantagem", in: AA.VV., *As alterações de 2010 ao Código Penal e ao Código de Processo Penal* (org.: Rui do Carmo e Helena Leitão), Coimbra: Coimbra Editora/Centro de Estudos Judiciários, pp. 29-41. Em republicação: "O novo crime de recebimento indevido de vantagem no Código Penal português", in: AA.VV., *Direito Penal Económico e Financeiro – Conferências do Cursos Pós-Graduado de Aperfeiçoamento* (coord. científica: Maria Fernanda Palma, Augusto Silva Dias, Paulo de Sousa Mendes), Coimbra: Almedina, 2012, pp. 329-340.

MÖHRENSCHLAGER, Manfred,
(2007) "Der strafrechtliche Schutz gegen Korruption", in: AA.VV., *Handbuch der Korruptionsprävention – Für Wirtschaftsunternehmen und öffentliche Verwaltung* (org.: Dieter Dölling), München: Beck, 2007, pp. 377-561.

MONTEIRO, Cristina Líbano,
(1992) "O Código Penal de 1982: Subsídio para uma compreensão histórica da sua génese", *BFDUC* 68, pp. 265-282.

MUÑOZ CONDE, Francisco,
(2003) *Edmund Mezger y el Derecho penal de su tiempo*, 4.ª ed., Barcelona: Tirant lo Blanch.

PALMA, Maria Fernanda,
(2014) "Conceito material de crime e reforma penal", *Anatomia do Crime* 0 (2014), pp. 11-23.

PATRÍCIO, Rui,
(2011) *Perigo, Erro e Culpa*, 1.ª reimp., Lisboa: AAFDL.

PEZZINI, Veronica,
(1999) "Problemi interpretativi in tema di istigazione alla corruzione", *L'indice penale*, NS–II/1 (jan.-abr.), pp. 215-229.

PINTO, Frederico de Lacerda da Costa,
(1998) "A intervenção penal na corrupção administrativa e política", *RFDUL* 39/2, pp. 519-527.

REINHOLD, Phillip,
(2010) "Zur Strafbarkeit der Klimapflege nach §§ 331, 333 StGB", *HRRS* 4, pp. 213-219.

ROXIN, Claus,
(2015) "Vorteilsannahme", in: AA.VV., *Festschrift für Walter Kargl zum 70. Geburtstag* (Peter-Alexis Albrecht, Stefan Kirsch, Ulfrid Neumann e Stefan Sinner), Berlin: BWV, 2015, pp. 459-477.

SANTOS, Cláudia Cruz,
(2009) "A corrupção de agentes públicos em Portugal: Reflexões a partir da lei, da doutrina e da jurisprudência", in: AA.VV., *A Corrupção – Reflexões (a Partir da Lei, da Doutrina e da Jurisprudência) sobre o seu Regime Jurídico-Criminal em Expansão no Brasil e em Portugal*, Coimbra: Coimbra Editora, pp. 99-152.
(2010) "Notas breves sobre os crimes de corrupção de agentes públicos (Considerações em torno do presente e do futuro do seu regime jurídico)", *Julgar* 11, pp. 51-58.
(2011) "Os crimes de corrupção de funcionários e a Lei n.º 32/2010, de 2 de Setembro ('É preciso mudar alguma coisa para que tudo continue na mesma'?)", in: AA.VV., *As Alterações de 2010 ao Código Penal e ao Código de Processo Penal* (org.: Rui do Carmo e Helena Leitão), Coimbra: Coimbra Editora/Centro de Estudos Judiciários, pp. 9-28.
(2016) "Os crimes de corrupção – Notas críticas a partir de um regime jurídico-penal sempre em expansão", *Julgar* 28, pp. 89-105.
(2018) *A Corrupção de Agentes Públicos e a Corrupção no Desporto – A Evolução das Incriminações Penais, a Jurisprudência, o Tempo para a Investigação e a Delação Premiada*, Coimbra: Almedina.

SCHILD, Wolfgang,
(1979) *Die 'Merkmale' der Straftat und ihres Begriffs*, Ebelsbach: Rolf Gremer.

SCHMITT, Carl,
(1951) "Sobre as três modalidades do pensamento jurídico" (1934), *BMJ* 26 (set.), pp. 5-39, e *BMJ* 27 (nov.), pp. 5-35.

Schneider, Hendrik,
(2013) "Das Strafrecht im Dienste gesundheits-ökonomischer Steuerungsinteressen: Zuweisung gegen Entgelt als 'Korruption' de lege lata und de lege ferenda", *HRRS*, pp. 219-224.

Schröder, Horst,
(1967) "Abstrakt-konkrete Gefährdungsdelikte?", *JZ*, pp. 522-525.
(1969) "Les délits de mise en danger – Rapport particulier: Allemagne Fédérale", *RIDP* (Actes du Colloque préparatoire du Xe Congrès international de droit pénal organisé par le Groupe Italien de l'Association Internationale de Droit Pénal et par le Centro Nazionale di Prevenzione e Difesa Sociale – Rome, 28-31 mai 1968), pp. 7-31.

Seminara, Sergio,
(1993) "Gli interessi tutelati nei reati di corruzione", *RIDPP-Nuova Serie* 36, pp. 951-993.

Simões, Euclides Dâmaso,
(2011) "Contra a corrupção – As leis de 2010", in: AA.VV., *As Alterações de 2010 ao Código Penal e ao Código de Processo Penal* (org.: Rui do Carmo e Helena Leitão), Coimbra: Coimbra Editora/ Centro de Estudos Judiciários, pp. 43-63.

Sousa, Joaquim José Caetano Pereira e,
(1816) *Classes dos crimes, por ordem systematica, com as penas correspondentes, segundo a legislação actual,* 2.ª ed., Lisboa: Officina de J. F. M. de Campos (1.ª ed., 1803).

Trüg, Gerson,
(2009) "Vorteilsgewährung durch Übersendung von VW-Gutscheinen – Schützt Sponsoring vor Strafe?", *NJW*, pp. 196-199.

Valerius, Brian,
(2010) "Der Amtsträger zu Gast bei Freunden: Vorteilsgewährung bei Sponsoring durch Versendung von Eintrittskarten für die Fußball-Weltmeisterschaft? Zugleich Besprechung von BGH, Urteil vom 14.10.2008", *GA*, pp. 211-228.

Vargas, Maria de Lurdes,
(2018) *Escândalos no Desporto e Perturbação do Contrato de Patrocínio – A Desconformidade Contextual da Prestação,* Lisboa: AAFDL.

VELOSO, José António,
(1999) *Erro em Direito Penal*, 2.ª ed., Lisboa: AAFDL.
WELZEL, Hans,
(1975) "Studien zum System des Strafrechts" (1939), agora in: *Abhandlungen zum Strafrecht und zur Rechtsphilosophie*, Berlin/ New York: Walter de Gruyter.

Online

KÖLLNER, Rolf E.,
Korruptionsstrafbarkeit durch "Klimapflege": Mögliche Strafbarkeit sozialadäquater Handlungen.
http://www.strafverteidiger.de/Zirk-1StR260-08-EnBW.htm (consultado em 17.06.2018).
SCHMALZ, Dieter,
Vorteilsgewährung, § 333 StGB: Abgrenzung zwischen erlaubtem Sponsoring und strafbarer Korruption.
http://juratelegramm.de/faelle/strafrecht/BGH_1_StR_260_08.htm (consultado em 17.06.2018).

Jurisprudência

BGH Urteil v. 14.10.2008 (1 StR 260/08).
Online: http://www.kanzlei-roth.de/media/BGH1StR26008.pdf (consultado em 17.06.2018).
Cass. n. 49057/2013, Cass. n. 37402/2011, Cass. n. 42701/2010, Cass. n. 41339/2006, Cass. n. 28311/2003, Cass. n. 15117/2003, Cass. n. 11382/2003, Cass. n. 30268/2002, Cass. n. 2233/2001, Cass. n. 7836/2000, Cass. n. 2265/2000 e Cass. n. 4062/1999.

Legislação, propostas, projetos e trabalhos preparatórios

Bundesratsentwurf eines Korruptionsbekämpfungsgesetzes vom 18. Dezember 1995 (BTDrucks. 13/3353).
Entwurf eines Gesetzes zur Bekämpfung von Korruption im Gesundheitswesen (Bundesrat Drucksache 360/15, 14.08.2015).
Ordenações Filipinas, Lisboa: Fundação Calouste Gulbenkian, 1985 (fac-símile da edição anotada por Cândido Mendes de Almeida, Rio de Janeiro, 1870).

ÍNDICE